Come Pubblicare un Libro o eBook su Amazon in Self Publishing

Tutto quello che ho imparato pubblicando il mio primo libro in Self Publishing su Amazon e sulla promozione dei libri.

Valerio Novelli - Monetizzando.com®

Prima edizione

Introduzione a "Guida al Self Publishing"

Sin da quando ho deciso di pubblicare il mio primo libro, da 0 a 30.000 € con un blog in 10 mesi, avevo pensato di scrivere un "Sequel", sempre in Self Publishing, da pubblicare su Amazon, ad un prezzo più basso, per raccontare la mia prima esperienza e tutto ciò che ho imparato dalla pubblicazione del mio libro.

In questo manuale non ti spiegherò semplicemente **come pubblicare un libro su Amazon,** ma ti racconterò quali sono stati secondo me gli step che mi hanno portato a vendere **più di 500** copie in meno di sei mesi, e come lavorerò per raggiungere l'obiettivo di **1000** copie entro un anno dalla pubblicazione su Amazon.

All'interno di "Guida al Self Publishing" ti racconterò:

- Perché ho deciso di avventurarmi nel mondo del Self Publishing;

- Come ho scelto l'argomento del libro;

- Come ho scelto lo stile di scrittura;

- Quanto tempo ho impiegato per realizzare il libro;

- Come ho organizzato il lavoro;

- I vari aspetti relativi alla pubblicazione del libro su Amazon e la sua successiva promozione.

Spero che grazie a questo libro otterrai tutte le informazioni necessarie sul mondo del Self Publishing:

questo libro non è stato pensato come un semplice manuale
- guida che spiega *Come pubblicare un libro su Amazon* o
Come trovare idee per scrivere un libro, ma come un vero
e proprio **strumento che ti possa aiutare** a valutare sin
dall'inizio se la tua idea sarà:

Interessante - Utile - Remunerativa

Ovvero, in parole povere, se **con il libro che vorresti
pubblicare potrai avere successo oppure no.**

Risponderò a tutte le domande che ho ricevuto sulla
pubblicazione dei libri su Amazon e sulla scrittura: in
questi mesi ho scoperto che ci sono moltissime persone che
vorrebbero pubblicare un libro, anche per il solo piacere di
"scrivere", ma non sanno da dove cominciare, quali sono i
passaggi necessari, quanto tempo si impiega per scrivere
un libro e, sopratutto, **quanto effettivamente si può
guadagnare con un libro.**

Ti basterà leggere queste pagine per avere tutte le risposte
su questi argomenti e, se avrai altri dubbi o domande,
scrivimi tramite Facebook, per email, oppure iscriviti al
**gruppo Facebook segreto "Libri in Self
Publishing"**, sarò felice di risponderti e di aiutarti nei
tuoi primi passi in questo mondo...

Ancora una volta ho deciso di sfruttare una **case history**
per dimostrare con **i numeri** ed i risultati che una **buona
strategia** ed una **buona organizzazione** possono
permettere a chiunque di raggiungere risultati davvero
interessanti, anche se non si hanno conoscenze sul mondo

dell'editoria tradizionale, della scrittura e
dell'impaginazione di un libro.

Come leggere questo libro?

Quando si scrive un libro bisogna sempre pensare alle
persone che lo leggeranno, nel caso di un libro - manuale
dedicato al Self Publishing ho immaginato varie tipologie di
potenziali lettori interessati all'argomento:

- Aspiranti scrittori;

- Persone che vogliono scrivere e pubblicare un libro per il
  semplice piacere di farlo;

- Marketers e/o curiosi che vogliono sperimentare le
  opportunità offerte dal web.

Ognuna di queste persone ha esigenze differenti, e quindi,
in base alle tue necessità, potrai scegliere se leggere il libro
da cima a fondo o se andare direttamente ai capitoli che più
possono interessarti perché erano argomenti che ti
frenavano dal lanciarti in questa avventura.

A te la scelta, il mio più grande *in bocca al lupo,*

Valerio

Capitolo 1

Cosa sapere sul Self Publishing?

Un bambino che legge sarà un adulto che pensa.

Il Self Publishing, per definizione, è la possibilità di pubblicare un libro senza un editore e **senza costi di stampa** o di ingresso / start up.

Negli ultimi anni, grazie ad internet, sempre più persone si sono avvicinate al **Self Publishing,** vedendo in questo strumento la possibilità di avverare un sogno o un desiderio e magari riuscire anche a guadagnare grazie a quell'idea custodita per anni in un cassetto...

Nel Self Publishing, infatti, un libro non viene né commissionato, né proposto ad un editore: tutto il processo di ideazione, creazione, impaginazione e pubblicazione può essere interamente svolto dall'autore (da cui il termine "Self Publishing").

Oggi è comunque possibile usufruire di vari servizi grazie ai quali si possono **delegare** o **automatizzare** alcune parti o aspetti della pubblicazione del libro, ad esempio si possono delegare:

- La fase di impaginazione;

- Lo sviluppo grafico di una copertina;

- La revisione del libro;

- Le varie registrazioni ed il caricamento del libro sulle piattaforme che permettono di pubblicare in Self Publishing (conosco diverse persone che non avendo grandi competenze con internet hanno chiesto aiuto al figlio o all'amico "esperto di computer").

L'unico investimento che si dovrà affrontare, se si sceglie di scrivere un libro in Self Publishing, sarà quindi il tempo impiegato dall'autore per svolgere tutte le attività necessarie per la scrittura e la pubblicazione.

È interessante sottolineare che per chi sta cercando *visibilità* e *notorietà*, la scelta del Self Publishing non è la migliore, poiché, non essendoci un editore che può promuovere il libro facendosi strada all'interno della distribuzione libraria, **non ci saranno presentazioni** del libro e non si assocerà il proprio nome in qualità di autore ad una determinata casa editrice, anche se, con una buona strategia di promozione indipendente, si potrà comunque ottenere visibilità e notorietà.

C'è chi, a tal proposito, sceglie di pagare una casa editrice per farsi pubblicare un libro e poter poi dire di *aver pubblicato per* ... (inserisci il nome della casa editrice per la quale ti piacerebbe pubblicare un libro).

Quando si vuole pubblicare un libro in self Publishing bisogna valutare prima di tutto la piattaforma da utilizzare in base ad alcuni criteri fondamentali:

- **Le Royalties:** si tratta del guadagno che si riceve per singola copia del libro o eBook venduto;

- **La Distribuzione:** bisogna scegliere la piattaforma che oggi può offrire all'autore maggiore visibilità (a mio avviso, oggi, Amazon è leader indiscusso, almeno in Italia);

- **I servizi offerti**: in termini di semplicità d'uso della piattaforma, l'assistenza fornita agli autori, le potenzialità e gli strumenti a disposizione.

Non bisogna dimenticare inoltre che il mondo dell'editoria tradizionale, rispetto al Self Publishing, ha *i suoi tempi e le sue regole:*

> Pensa che, recentemente, una casa editrice da cui sono stato contattato, mi ha spiegato che un titolo come quello del mio primo libro, *Da 0 a 30.000 € con un blog in 10 mesi*, non sarebbe mai stato pubblicato/scelto o comunque utilizzato per una pubblicazione. Sembra che ci siano delle regole precise e delle "linee editoriali" - *non so se si chiamano così* - nella pubblicazione dei libri con le case editrici.

Uno dei punti di forza del Self Publishing è dunque **l'abbattimento dei costi fissi di pubblicazione.**

Grazie ad internet, oggi, tutti possono mettere online il proprio libro con investimenti pari quasi a zero (ad eccezione del tempo), e se ci sai fare, potrai anche riuscire a venderlo sfruttando vari strumenti di **promozione**

online, proprio come ho fatto io e come ti spiegherò all'interno di questo libro.

È interessante notare inoltre come con il Self Publishing sia possibile pubblicare anche diversi titoli in poco tempo, permettendo così all'autore di promuovere e spingere le vendite di vari libri: documentandomi sul mondo del Self Publishing, ho scoperto che ci sono autori che sono riusciti a creare una **rendita passiva** grazie alla pubblicazione di numerosi libri:

In pratica il primo libro pubblicato vende un determinato numero di copie, il secondo potrebbe vendere un altro numero di copie ma allo stesso tempo portare nuove vendite al primo libro, il terzo promuovere il primo ed il secondo e così via...

La forza del **Print on Demand**

Perché il Self Publishing funziona così bene?

Il Self Publishing permette di abbattere quelli che potremmo chiamare **costi fissi di pubblicazione**, questo grazie al sistema del "Print on Demand" (ne parleremo fra poco), ovvero la possibilità di **stampare su richiesta.**

Grazie alla tecnologia, oggi l'editoria si avvale di una particolare tipologia di stampa, la **stampa digitale.**

In realtà non si tratta di una vera e propria novità: di stampa digitale si parla da più di 12/14 anni (non sono un grande esperto in materia, ma essendo figlio di un "pubblicitario", ricordo quand'ero piccolo che già si parlava della stampa digitale), e capire qual è il punto di forza di questa tipologia di stampa è fondamentale per capire come il Self Publishing abbia preso piede negli ultimi anni.

Grazie alla stampa digitale, infatti, è possibile **stampare con una qualità abbastanza buona** anche una sola copia di un libro, pur mantenendo al tempo stesso bassissimi i costi di produzione, ed evitando così gli altissimi costi della stampa tradizionale (la stampa tipografica), che ha spesso prezzi proibitivi per un autore alle prime armi...

> *Ho scoperto che, per avere dei costi di stampa accettabili, bisogna far stampare per la prima edizione di un libro almeno 500 copie.*

Grazie alla stampa digitale, invece, si è sviluppata e diffusa la metodologia del **print on demand,** che permette di stampare un libro solo quando viene richiesto, ed ecco perché ad esempio per il mio primo libro, spesso, i tempi di consegna, anche con **Amazon Prime,** erano più lenti della norma.

Curiosità:

Suppongo che Amazon, in base alla quantità giornaliera di copie vendute del libro, stampi un determinato numero di copie per coprire quelli che io definirei "ordini standard".

Quando ci sono dei picchi di vendite le spedizioni impiegano più tempo, per ritornare poi alla norma quando le vendite si stabilizzano.

In pratica, penso che Amazon abbia un sistema che generi la media giornaliera di copie vendute, e su questa ottimizzi la produzione e la stampa, per offrire un servizio di spedizione più veloce (le prime copie del libro impiegavano anche 14 - 16 giorni prima di essere consegnate).

Ad esempio: supponiamo che il mio libro venda una media di tre copie al giorno, se un giorno vengono vendute dodici copie, Amazon, non potendo "coprire gli ordini", impiega più tempo per consegnare.

Quanto vende un libro?

La famosa domanda da un milione di euro.

Anche io mi sono chiesto quanto può effettivamente vendere un libro, ma, fortunatamente, me lo sono chiesto solo dopo aver pubblicato il primo libro in Self Publishing.

Secondo me, infatti, questa non è una domanda da farsi prima ancora di pubblicare un libro...

Certo, fare delle valutazioni a monte può aiutare a scegliere il taglio da dare al libro, l'argomento, i contenuti "migliori" o "evergreen" che possono vendere anche a distanza di tempo, ma se si entra invece nel *loop negativo* dello scarso numero di copie vendute con il Self Publishing (secondo i dati medi di vendita), forse non si riuscirà mai a scrivere un libro.

Secondo alcune ricerche che ho fatto online, ad esclusione dei famosi **best seller**, la maggior parte dei libri vende poche decine o poche centinaia di copie, quindi, aver raggiunto e superato le 500 copie in meno di 6 mesi dalla pubblicazione del libro non è un dato da sottovalutare, ed io lo considero un **risultato** di cui onestamente **vado fiero** (anche perché, la competizione, è davvero altissima, specialmente in un settore come il mio).

Tornando dunque al tema centrale di questo paragrafo, ovvero **"quanto vende un libro"**, basta fare qualche ricerca su internet per trovare decine e decine di articoli che parlano di questo argomento: se da un lato le case editrici tengono ben nascosti i dati di vendita (a differenza mia che, avendo pubblicato in Self Publishing, mostro con piacere lo screen con il numero di copie vendute dalla data di pubblicazione del libro), d'altro canto le ricerche su internet possono dare delle stime approssimative delle copie medie vendute da un libro di un autore "poco conosciuto" o "sconosciuto".

<u>Nota:</u> Dallo screenshot allegato puoi vedere il report delle copie vendute e delle royalties maturate per il mio primo libro. Il periodo preso in esame è quello che va dall'1 Gennaio 2017 al 31 Maggio 2017, ovvero i primi cinque mesi.

Nello screen puoi vedere anche i guadagni che ha generato un solo libro: 5.855,57* € cui vanno sommati 1.956,63* £ e 65,41* $, per un totale di circa **8.000,00 € in cinque mesi**, con una media di **1.600,00 €** al mese, direi che gli sforzi per la scrittura e la pubblicazione sono stati ampiamente ripagati!

*Come vedrai più avanti, CreateSpace ed Amazon pagano le royalties in 3 valute differenti, a seconda del paese dal

quale viene effettuato l'ordine o del tipo di acquisto (Prime
- Normale).

Vediamo dunque cosa ci dice il web sulle vendite e la
tiratura media di un libro pubblicato da una casa
editrice:

> *La tiratura media di una casa editrice
> oscilla fra le 1000 copie (che possono
> arrivare fino a 4000 per un
> esordiente in cui la casa editrice
> crede) e le 10000 per gli scrittori ed i
> personaggi già noti.*
>
> *Questo non significa che tutte le copie
> vengano poi effettivamente vendute,
> le case editrici spesso infatti prendono
> dei rischi facendo delle stime e
> previsioni di vendita.*

Fatte queste premesse vediamo dunque una serie di
domande frequenti che mi sono state fatte nei primi mesi
di pubblicazione del libro, e le mie riflessioni/
considerazioni.

Curiosità: Non credo esista un sistema per capire "quante
copie" di un libro sono state vendute su Amazon.

In base alla mia esperienza ho notato che il **ranking**
giornaliero cambia proprio in base al numero di copie
vendute nelle 24 ore precedenti.

Facendo quindi delle stime approssimative (anche perché
bisogna tenere in considerazione che tutto cambia da

categoria a categoria), un libro che vende almeno una copia al giorno dovrebbe comunque rientrare nella **top 4000 di Amazon** (categoria generale dei libri più venduti su Amazon).

Perché Pubblicare un Libro su Amazon?

La prima domanda a cui voglio rispondere è una delle domande più frequenti che ho ricevuto dopo la pubblicazione del primo libro, ovvero:

Perché hai deciso di pubblicare il tuo libro su Amazon?

Sembra una domanda banale, ma in realtà non lo è affatto: ci sono infatti tanti aspetti da tenere in considerazione, il primo dei quali, a mio avviso, riguarda la **promozione** e la **vendita del libro:**

> *Una volta che il libro verrà pubblicato, come farò a venderlo?*

Tratterò l'argomento "promozione di un libro" più avanti, ma per adesso mi interessa condividere una informazione molto importante con te.

Sono moltissime le persone che oggi pubblicano dei libri su Amazon, ma non tutti riescono a raggiungere il loro obiettivo o un numero di vendite che vada a ripagare gli sforzi fatti per la scrittura, la revisione e l'impaginazione.

Nel mio caso, il tempo impiegato per scrivere il libro è stato abbondantemente ripagato dai guadagni e dalle royalties ricevute direttamente da Amazon, ma non tutti i libri si "vendono bene" su Amazon, specialmente se il libro che vuoi scrivere appartiene alla categoria dei **romanzi** o dei **racconti** e se non sei un autore affermato.

Cerchiamo di capire quindi quali sono i **Pro** e quali invece i **Contro** della pubblicazione di un libro su Amazon, cominciando da un elenco che sintetizza gli aspetti che io stesso ho tenuto in considerazione.

Pubblicare un libro su Amazon - Perché Sì:

- Come per le altre piattaforme di Self Publishing non ci sono costi di stampa (l'unico "costo" che dovrai sostenere sarà il tempo che impiegherai per scrivere il libro);

- I guadagni sono nettamente superiori rispetto a quelli della pubblicazione con una casa editrice tradizionale (e di altre piattaforme di Self Publishing);

- Puoi entrare all'interno del più importante negozio di libri **ONLINE** (è anche vero che puoi decidere di pubblicare il tuo libro in più siti di Self Publishing, rispettando termini e condizioni di ogni piattaforma, incluse le regole di prezzo o di pubblicazione multi piattaforma)

Pubblicare un libro su Amazon - Perché No:

- Se non sei già conosciuto o affermato, in base alla categoria del tuo libro, sarà più o meno difficile riuscire a vendere 100 o più copie;

- Non essendo presente all'interno dei negozi fisici, le persone dovranno necessariamente acquistare su Amazon se vorranno una copia del tuo libro (io stesso ho ricevuto diversi messaggi di persone interessate al mio libro che mi chiedevano se era disponibile presso qualche libreria o se si poteva acquistare solamente online);

- Sarà più difficile organizzare delle "Presentazioni del libro" all'interno di librerie e/o punti vendita (dovrai occuparti di tutto tu, se sei bravo nelle PR o hai conoscenze potrai comunque organizzare le tue presentazioni).

Fatte queste doverose premesse, io ho scelto di publicare il mio libro su Amazon perché:

- Volevo fare una esperienza di Self Publishing e vedere qual era la mia forza di vendita online, cercando di sfruttare il "Personal Brand" che ho costruito online dal 2009 al 2016 attraverso Monetizzando.com® e la partecipazione a diversi eventi legati al mondo del Web e dell'Affiliate Marketing;

- Volevo costruire una **nuova fonte di reddito** esterna al sito web / blog ed all'Affiliate Marketing, sfruttando al tempo stesso la possibilità di guadagnare commissioni più alte sulla vendita di ogni libro rispetto a quelle che si possono ottenere pubblicando il libro con una casa editrice;

- Non sono stato contattato da nessuna casa editrice per scrivere un libro che parlasse delle mie competenze e quindi ho deciso di "pubblicarlo da me".

Curiosità:

Mentre scrivevo il libro ho parlato con alcune persone che lavorano per delle case editrici e mi è stato detto che potevo comunque proporre il mio libro alle case editrici per chiederne la pubblicazione, ma ormai avevo fatto la mia scelta, quindi ho preferito proseguire per la mia strada pubblicando in Self Publishing.

Sempre a proposito della scelta di publicare il libro su Amazon, durante lo IAB Forum 2016 (il più importante evento sulla pubblicità online in Italia) ho incontrato Marco Montemagno, al quale ho chiesto un parere proprio su questo aspetto.

*Anche lui mi ha confermato che se scrivevo per un tornaconto economico, il Self Publishing mi avrebbe permesso di guadagnare di più, mentre, se scrivevo per fare **branding** o per **prestigio,** sicuramente la scelta migliore era quella di affidarsi ad una casa editrice.*

Un'altra domanda che ho spesso ricevuto riguarda la scelta di **non publicare il libro in versione digitale**, ovvero di non rendere il libro disponibile per Kindle e pubblicarlo solo in versione cartacea:

Il tuo libro è disponibile in formato Kindle?

Il "**Commento memorabile**" su questa mia scelta spetta ad uno degli utenti del mio gruppo Facebook dedicato all'Affiliate Marketing (**Affiliate Marketing Italia**), che scriveva pressappoco così:

*Incredibile, si crea un libro sul Web
Marketing e sul Guadagno con un
Blog e le Affiliazioni e non si rilascia
la versione digitale, che senso ha?*

Il senso, a mio modesto parere, c'è eccome: conoscendo e vivendo il Web ed il mondo del Web Marketing da diversi anni, so bene quanto sia facile rimuovere il **DRM di Amazon** e come un libro, un corso o un infoprodotto dedicato al Web Marketing possa circolare nel Web molto rapidamente.

Nota: *Il DRM è un blocco che vincola i proprietari di un eBook alla lettura su piattaforma Kindle. In pratica quando si acquista un eBook su Amazon si è praticamente obbligati a leggerlo sulla piattaforma Kindle, ma sono in tanti a voler rimuovere il DRM (acronimo di **Digital Rights Management**).*

Il DRM altro non è che un **sistema** che permette all'autore dell'opera (ovvero del libro) di esercitare un controllo applicando delle restrizioni sul **numero di dispositivi** in cui poter conservare una copia dell'eBook.

Su Amazon, in particolare, il DRM restringe l'uso di un eBook ad un solo Kindle o ad un solo dispositivo che utilizza il Software Kindle (PC, Mac, iPad, iPhone, iPod, Dispositivo Android, ...).

Basta dunque fare una breve ricerca su Google per trovare decine di tutorial che spiegano **Come rimuovere il DRM**, ovvero come "Sbloccare l'eBook" e permettere così un pò a tutti di "passarsi" o "scambiarsi" il contenuto gratuitamente.

Per un libro che tratta di web marketing, guadagno con un blog ed affiliazioni, questo sarebbe significato probabilmente vendere meno copie, o comunque perdere gran parte dei guadagni iniziali, perché qualcuno avrebbe acquistato per *dividere i costi* con altre persone o scambiarlo con amici e colleghi (magari usandolo come *merce di scambio* per ricevere altri libri/corsi).

Approfondirò l'argomento DRM in una sezione di questo libro.

P.s. Sai che mi è stato confessato da alcune persone che hanno comprato l'edizione cartacea del libro che poi l'hanno prestato a qualche amico?!?

Quanto tempo hai impiegato per scrivere il libro?

Uno dei grossi ostacoli che si pone davanti a chi vuole scrivere e pubblicare un libro è **portare a termine il lavoro**: spesso si vede infatti il libro come un qualcosa che richiede moltissimo tempo per la scrittura e che non si riuscirà a finire.

Per risolvere questo problema io mi sono imposto delle piccole regole:

- Stabilire un numero di parole giornaliere da scrivere;

- Stabilire una data di pubblicazione;

- Scrivere ogni giorno per almeno 30 giorni.

Queste tre semplici regole mi hanno permesso di completare il primo libro in **30 giorni circa** (ci sono poi voluti altri 30 giorni per la revisione del libro circa).

Durante i 30 giorni di scrittura, comunque, non mi sono occupato solamente della scrittura del libro: alla scrittura ho dedicato circa **un ora al giorno** (ed un ora al giorno ho dedicato successivamente anche alla revisione del libro).

Ecco il mio **sistema per scrivere e completare un libro in poco tempo:**

- Scrivi almeno 1000 parole al giorno, ogni giorno (inclusi sabato e domenica);

- Stabilisci una data di pubblicazione da rispettare (esattamente come se stessi pubblicando con un editore che ti dà una data di scadenza);

- Non preoccuparti inizialmente della revisione, altrimenti non finirai mai il libro: prima scrivi tutto, poi passa alla revisione e all'impaginazione. Se è il caso pubblica con una revisione veloce e poi fai tesoro dei feedback e delle recensioni per migliorare il libro.

Occupandomi di diversi blog dal 2006 e scrivendo quotidianamente su internet, scrivere 1000 parole al giorno per me è stata una attività molto semplice da portare a termine e non troppo **pesante/difficile:** per qualcuno che non scrive mai, probabilmente, 1000 parole al giorno potranno sembrare molte, ed a queste persone consiglio di fissare un obiettivo più basso: **500 parole al giorno.**

L'argomento del mio primo libro inoltre è un qualcosa che ho vissuto in prima persona: ho scelto infatti di raccontare quali sono stati i passi necessari per creare un blog nuovo e portarlo a generare più di 30.000 € in commissioni in 10 mesi.

Per scriverlo, quindi, non ho avuto bisogno di fare ricerche, analisi, studi o approfondimenti, ed anche questo mi ha permesso di scriverlo in così poco tempo: la parte più difficile è stata invece quella di **revisione** del libro.

Durante la fase di revisione, infatti, sono stati molti gli errori da correggere ed i passaggi da riscrivere o semplificare: fondamentale nella fase di revisione è stato quindi l'aiuto di Viviana che, leggendo il libro ad alta voce, mi ha permesso di capire quali erano i passaggi da rivedere o riscrivere.

Ad ogni modo, l'intero processo di scrittura e revisione del libro è durato due mesi circa, dedicando una media di un ora al giorno: in pratica, per scrivere e revisionare il libro, ho impiegato 60 ore.

Su questo aspetto vorrei farti riflettere per farti capire le potenzialità del **business dei libri** o degli infoprodotti: a fronte di 60 ore di lavoro, avendo già generato 8000 € circa, il mio guadagno orario è stato dunque di circa 133,00 € l'ora, ed il libro può continuare a vendere nel tempo, aumentando così il mio "guadagno orario": arrivando ad esempio a 10.000 euro il mio guadagno orario sarà di

166,00 € l'ora e passando a 15.000 euro il mio guadagno sarà di 250,00 euro l'ora, ...

Ecco perché l'infomarketing o il business dei libri è uno di quei business da tenere in considerazione quando si cercano **molteplici fonti di reddito:** a fronte di un investimento iniziale in termini di tempo (nel caso del Self Publishing), se il libro riscuote successo, i guadagni possono essere davvero interessanti!

Come hai stabilito il prezzo del tuo libro?

Una delle **4 P** del Marketing è proprio il **Pricing** di un prodotto/servizio. Stabilire il "giusto prezzo" può decretare il successo o il fallimento del prodotto stesso, e, in questo caso, il fallimento o il successo del mio libro.

Prima di spiegarti come ho stabilito il prezzo, vorrei inquadrare il contesto all'interno del quale si posiziona il mio primo libro in Self Publishing.

Il settore è quello del **Web Marketing,** del **Blogging** e del **Guadagno Online.**

Andando ad ampliare un pò di più questi tre ambiti potremmo dire che rientra nel campo della formazione, ed all'interno di questo settore, su internet si trovano:

- **Numerosi Infoprodotti** venduti a prezzi che si potrebbero definire medio-alti (si va dagli infoprodotti a 7,00 € a quelli da 17,00/27,00/37,00 € fino ad arrivare a

60,00 € per eBook di poche pagine con testo scritto
grande e pagine bianche o vuote);

- **Infoprodotti di dubbia qualità** con contenuti di
scarso valore e chiaramente l'impossibilità per gli utenti
di lasciare delle recensioni sui canali ufficiali
(generalmente sono Infoprodotti venduti direttamente
da blogger o tramite sales page);

- **Corsi e Videocorsi di qualità** venduti ad un prezzo
che solitamente oscilla dai **147,00** ai **297,00 €** (sì, il
numero 7 finale è un numero spesso usato online come
strategia di marketing);

- **Libri e Manuali** editi da due principali case editrici
(Dario Flaccovio Editore ed Hoepli) con prezzi che
solitamente oscillano fra i **19,00 €** ed i **26,00 €**;

- **Libri Universitari**: ad esempio per il Marketing il
GURU è sicuramente **Philip Kotler**, che viene studiato
anche all'università, ed i prezzi dei suoi manuali oscillano
fra i **35,00** ed i **60,00 €** circa.

All'interno di questa variegata nicchia di mercato si
posiziona il mio libro. Stabilire il prezzo è stata
sicuramente una scelta importante e, dopo aver valutato la
nicchia ho cercato di capire quanto **valore** ho dato
all'interno del testo:

*In "Da 0 a 30.000 € Con un blog in 10 mesi" racconto
passo passo quali sono state le strategie che ho applicato
per **Creare un blog** da zero e portarlo a generare più di
30.000 € in commissioni in meno di 10 mesi.*

Per farlo, all'interno del libro ho citato:

- *Il nome del sito (chi ha un pò di dimestichezza può fare reverse engineering e studiare in profondità il sito prendendo così spunto e idee per creare blog e impostare delle strategie di monetizzazione efficaci);*

- *Numeri e dati (traffico e visite al sito, numero e tipologie di articoli pubblicati, …);*

- *Un esempio di una delle pagine che mi permette di guadagnare (ma da quella è facile poi risalire anche alle altre che sono state studiate e scritte per vendere e quindi per farmi guadagnare);*

- *La strategia operativa che ho messo in pratica per dare credibilità al sito, portarlo ad ottenere un pò di traffico e visitatori quindi monetizzarlo;*

- *Consigli pratici per creare un blog frutto di anni di esperienza nel settore.*

E oggi, a distanza di sette mesi dalla pubblicazione, posso dirti che qualcuno, effettivamente, ha preso parecchio spunto dal mio sito per creare un blog ed entrare nella stessa nicchia di mercato!

L'obiettivo di "Da 0 a 30.000 € Con un Blog" era infatti quello di creare una **guida pratica per creare un blog** avendo una strategia chiara (*questo non significa che chiunque compra il libro riesce poi a generare 30.000 € o più con un blog in 10 mesi, come ho scritto anche nel libro; tutto cambia in base alle competenze di partenza, la* *conoscenza del settore o della nicchia e numerosi altri fattori).*

Con il mio primo libro mi sono posto come obiettivo quello di **dare informazioni di valore** ed aiutare davvero le persone che spesso aprono un blog senza sapere di preciso cosa fare, dando loro un **sistema organizzato per creare e gestire il blog in maniera intelligente**.

Alcuni lettori hanno apprezzato molto il libro, tanto da scrivere nelle recensioni frasi come questa: *Non tutti avrebbero pubblicato numeri, dati, risultati ed informazioni in maniera così chiara.*

Inquadrato a questo punto il settore e la tipologia di libro scritto, stabilire il prezzo è stato molto più semplice: ho scelto di **posizionarmi sopra ai prezzi standard dei libri venduti su Amazon**.

Nella top 100 di categoria all'interno della quale avevo deciso inserire mio libro - che varia quotidianamente in base al numero di copie vendute ma all'interno della quale "gravitano" chiaramente i testi più importanti, difficili da scalzare - ci sono solamente 5 libri che hanno un prezzo superiore a quello che ho scelto.

Ho stabilito infatti che inizialmente il mio libro doveva avere un prezzo di **29,00 €**.

Ma qui ho commesso un piccolo errore: quando si imposta il **prezzo per il proprio libro su CreateSpace** (dove è possibile impostare il prezzo al pubblico), viene mostrato subito quale sarà il guadagno per copia venduta: non volevo guadagnare meno di **14,00 €** a copia e per questo motivo ho dovuto impostare un prezzo di 29,00 € a cui però poi Amazon aggiunge l'**IVA**, di conseguenza il prezzo al pubblico è stato di **30,16 €** (ed il mio guadagno per copia 14,09 €).

Successivamente alla pubblicazione, dopo qualche giorno, non so quale sia stato il motivo preciso (ma le motivazioni potrebbero essere il **Cambio Euro - Dollaro,** o il numero di copie vendute in poco tempo), Amazon ha deciso di far scendere il prezzo del mio libro giù fino a **25,00 €** (il prezzo è sceso dopo la prima settimana di pubblicazione), pur continuando a riconoscermi una commissione (**royalties**) per copia venduta di 14,09 €.

Mi sono quindi subito messo nei panni di chi aveva comprato il libro la settimana prima (e forse non l'aveva ancora ricevuto) pagandolo **30,16 €** ed ho deciso di modificare il prezzo nuovamente su CreateSpace per riportarlo in linea con il prezzo d'acquisto dei primi acquirenti: ho impostato così un prezzo di **30,90 €** e la mia commissione è salita a **15,14 €**.

Anche questa è stata una scelta che, secondo alcuni amici, è stata molto azzardata, poiché rispetto ai prezzi di Amazon, il libro si posizionava ad un prezzo più alto e poteva avere come conseguenza un numero inferiore di vendite, ma la mia chiave di lettura è stata questa:

Meglio posizionarsi ad un prezzo nella media e quindi non superiore a 25,00 €, oppure posizionarsi un pò al di sopra della media distinguendosi così e sfruttando uno dei meccanismi di vendita classici dei brand, che usano il proprio nome per poter vendere un prodotto con un prezzo più alto, associando al proprio marchio un livello qualitativo maggiore e quindi potendo stabilire un prezzo superiore.

Ecco quali sono state le considerazioni che mi hanno portato a scegliere come prezzo di vendita del libro **30,00 €** e guadagnare di più da ogni copia.

Come vedi, in questo libro ti racconto esattamente quello che ho fatto in fase di scrittura e pubblicazione del libro!

Riassumendo ho:

- Valutato diversi corsi venduti da info marketer a prezzi più alti;

- Valutato i prezzi medi di vendita su Amazon;

- Cercato nel prezzo un ulteriore **differenziazione** dagli altri libri presenti su Amazon (non si può parlare di veri e propri competitor perché non ci sono libri dedicati al blogging che spiegano come fare un blog partendo da un caso studio reale) venduti al prezzo medio di **20,00 €**.

Alla luce dei risultati raggiunti penso che la scelta di prezzo sia stata corretta, pur non avendo un metro di paragone con altri libri pubblicati a prezzi più bassi fino ad oggi (quando questo libro sarà pubblicato, al prezzo di 14,99 € per la versione cartacea e 7,99 € per la versione digitale, avrò più dati sulle vendite e potrò eventualmente aggiornare questo libro con nuovi spunti).

Suggerimento:

Quando scegli il prezzo del libro ricorda di considerare che al prezzo che stabilirai verrà applicata negli Store Europei l'IVA al **3%** e, di conseguenza, prezzi come **0,99 €**, 1,99 € o 2,99 € (usati principalmente per la vendita di eBook) devono essere inseriti come **0,96 €**, 1,93 € o 2,90 €.

Quanto sono importanti le recensioni dei lettori su Amazon?

Ritengo che le recensioni degli acquirenti del libro e dei lettori possano nel tempo decretare davvero il successo o il fallimento di un libro.

Fermati un attimo a pensare: potresti scrivere il miglior libro al mondo sull'argomento che preferisci o del "tuo genere", ma se le persone cominciano a parlare male del tuo libro, pensi che altri, vedendo un punteggio ed una valutazione scarsa compreranno ancora il tuo libro?

La **riprova sociale**, i **feedback** e le **recensioni** sono da sempre stati uno dei parametri più importanti per la vendita online.

Pensa ai tempi di **eBay:** quanto era importante avere **Feedback positivi** per rassicurare i potenziali acquirenti e vendere di più? Avresti mai comprato da qualcuno che aveva un punteggio di Feedback pari a zero, o peggio che aveva dei feedback negativi?

Per lo stesso principio, molte case editrici e molti autori di libri spediscono le **prime copie** dei nuovi libri in **omaggio** a **influencers**, quotidiani e riviste in attesa delle prime recensioni, che spesso sono più positive o meno dure nell'attaccare / criticare il contenuto di un libro.

Online è pieno di leoni da tastiera, persone pronte a sparare a zero su qualsiasi cosa sicure di poter dire e fare quel che vogliono perché non ci sarà nessun pericolo/rischio.

A volte le recensioni si rivelano particolarmente dure o cattive nei confronti di chi si impegna, lavora e cerca di offrire valore e contenuti.

I leoni da tastiera (o haters) sono quegli individui che tramite PC, telefono o simili, insultano, minacciano e criticano mentre nella vita reale non lo farebbero mai generalmente per paura.

Anche io ricevo mensilmente dei libri da recensire su Monetizzando.com® e probabilmente, se segui il mio sito, ti sarà capitato di imbatterti in una di queste recensioni!

Quando ho condiviso su Facebook e su alcuni miei gruppi la notizia che il mio libro era online, inoltre, alcuni mi hanno scritto che *aspettavano le prime recensioni per decidere se valeva la pena acquistare oppure no il libro.*

Nel mio caso però, avendo da anni un sito dedicato al mondo del **Guadagno Online**, ed essendomi costruito una reputazione su internet, ho deciso di **non inviare nessuna copia omaggio per la recensione** ed aspettare le recensioni "naturali" delle persone che avevano scelto di leggere questa case history - guida.

Può essere stata una mossa azzardata, ma mi ha permesso di ricevere parecchie **Recensioni da Acquisto Verificato**.

*Le recensioni da acquisto verificato sono delle recensioni che vengono evidenziate da Amazon tramite la scritta **Acquisto Verificato** in rosso e che dimostra che non si tratta di "recensioni comprate" ma di recensioni di persone che hanno realmente acquistato il libro.*

Questo fa sì che la recensione abbia più valore agli occhi dell'utente.

***Nota** - Ho scoperto che anche rendendo disponibile un eBook gratuitamente tramite la "promozione gratuita" che Amazon offre, si possono comunque ricevere "recensioni da acquisto verificato".*

Inviando delle copie omaggio, le recensioni ricevute non avrebbero riportato questa dicitura e, specialmente durante i primi giorni/mesi di pubblicazione, avrebbero potuto far pensare a recensioni **lasciate da amici** o "Farlocche".

Ammetto che io stesso, quando, dopo aver scritto il post in cui annunciavo che il mio libro era stato pubblicato su Amazon (e quindi disponibile per l'acquisto), ho cominciato a ricevere i primi **apprezzamenti** e **messaggi** *ho comprato una copia aspetto che arrivi*, per un attimo mi sono messo in discussione chiedendomi se il libro sarebbe stato apprezzato e cosa avrebbero scritto gli acquirenti nelle prime recensioni...

Fortunatamente le recensioni sono state molto positive e mi hanno effettivamente permesso di **incrementare le vendite**.

Qui di seguito puoi leggere uno dei commenti ricevuti proprio dopo che i primi acquirenti avevano lasciato le loro recensioni:

Ciao Valerio, ieri ne ho ordinato una copia, riuscire ad incuriosire me è tosta, quindi complimenti. Ora che mi arriva ti faccio sapere cosa ne penso!

Fatte queste considerazioni, prima di mettere un libro online, il mio consiglio è sicuramente quello di valutare attentamente i contenuti e la qualità: il rischio di ricevere recensioni negative infatti potrebbe inficiare non solo le vendite del libro che pubblicherai, ma anche quelle dei libri successivi!

Curiosità: a proposito di recensioni, fino ad ora ho ricevuto una sola recensione da **3 stelle** (le altre sono: 1 da 4 stelle e tutte le altre da 5 stelle), leggi cosa mi ha scritto questo acquirente:

Titolo della Recensione: *Interessante ma poco curato.*

Recensione: *Per quanto riguarda i contenuti non ho nulla da dire. Molto interessante e chiaro, questo libro dà una panoramica completa dell'argomento senza cadere nei soliti luoghi comuni quando si parla di come monetizzare con internet.*

Buona l'idea di scrivere capitoli di poche pagine per volta. Davvero utili per chi, come me, ha poco tempo da dedicare alla lettura.

Fino a qui meriterebbe 5 stelle.

Ci sono però due cose che mi hanno fatto faticare, e non poco, ad arrivare alla fine, e che mi avviso abbassano e non poco il voto.

il primo è l'impaginazione amatoriale. Il libro ha il colophon nella pagina sbagliata, e questo disorienta, dando l'impressione di un prodotto poco curato.

In alcune parti il testo sembra "saltare" in corrispondenza delle immagini, spezzando in due le frasi. Questo è perdonabile nell'articolo di un blog, ma non in un prodotto editoriale che richiederebbe un pò di attenzione alla veste grafica.

Il secondo è la presenza di molteplici refusi ed errori all'interno del testo. Sarebbe stato meglio fare rileggere il libro da un correttore di bozze prima di metterlo in vendita.

Francamente mi ha infastidito scoprire di avere pagato per un testo così poco curato, per quanto siano buoni i contenuti. Mi auguro che nella seconda edizione questi problemi vengano risolti.

—

Come vedi, non è difficile ricevere dei commenti molto critici e giusti da parte dei lettori (non ho esperienze in fatto di impaginazione di libri e quindi effettivamente non posso far altro che accettare queste critiche, seppur mi dispiaccia ricevere 3 stelle nonostante i contenuti siano buoni per stessa ammissione del recensore), e chiaramente se i commenti da 2 o 3 stelle sono molti, il punteggio generale del libro potrebbe risentirne e, insieme al punteggio, anche le vendite!

Curiosità: Oltre al punteggio ed al numero di recensioni, anche la posizione all'interno delle classifiche di Amazon (che viene stabilita dal numero di vendite delle ultime 24 ore) può spingere di parecchio le vendite. Se il libro infatti scende sotto la Top 20 o peggio ancora sotto la Top 100, se non hai un canale per promuoverlo sarà difficile generare numerose vendite.

A mio avviso infatti la combinazione di recensioni positive e presenza in Top 20 dà un grande boost alle vendite del tuo libro!

In questa prima parte del libro ho cercato di rispondere alle domande più frequenti che ho ricevuto durante questi mesi ed ho cercato di spiegare perché ho fatto determinate scelte.

Pagina dopo pagina, infatti, hai potuto scoprire:

- Perché ho scelto di pubblicare un libro su Amazon e cosa dovresti tenere in considerazione prima di pubblicare il tuo libro in Self Publishing;

- Perché ho scelto di non rendere il mio primo libro disponibile in formato digitale (Kindle) e quali sono alcuni degli aspetti da considerare se si vuole pubblicare il libro in versione cartacea e digitale;

- Quanto tempo ho impiegato a scrivere un libro;

- Come ho stabilito il prezzo del libro;

- Quanto sono importanti le recensioni.

A questo punto andiamo a trattare uno dopo l'altro tutti gli argomenti e i problemi che si possono incontrare durante la pubblicazione di un libro in Self Publishing.

Nota: Alcune delle informazioni raccolte nei capitoli successivi sono frutto di miei studi e ricerche sul mondo del Self Publishing ed alcune delle informazioni possono essere reperite anche tramite internet, il vantaggio di questo libro è dato dall'avere a disposizione tutte le informazioni in un unico testo, risparmiando così tempo per fare ricerche e leggere contenuti a volte simili altre volte di scarso valore.

Alla fine del libro troverai come sempre una sezione "Risorse" con alcuni link utili che potrai consultare in qualsiasi momento per approfondire alcuni argomenti.

"Venditori di eBook..."

Ricordi quando scrivevo, qualche pagina fa, che il rischio di pubblicare un eBook è che questo venga scaricato e condiviso in versione pirata?

È giusto che tu sappia, e l'ho scoperto anche io durante la scrittura di questo libro, che ci sono persone che hanno creato un vero e proprio **impero**, o meglio un **business** basandosi sugli eBook.

Forse conosci il fenomeno **Giacomo Bruno**, con la sua **Bruno Editore.**

Nota: *se non conosci Giacomo Bruno e Bruno Editore trovi nella sezione risorse del libro un approfondimento con una intervista a Giacomo Bruno)*, in fase di scrittura di "Come pubblicare un libro - eBook su Amazon in Self Publishing?" ho deciso di approfondire questo argomento e capire quale **metodo/sistema** permette ai creatori di eBook di guadagnare.

Dietro al mondo degli eBook, infatti, esiste un business interessante e piuttosto profittevole.

Chi è il "Venditore di eBook?"

Si potrebbe definire uno *scrittore seriale di guide e tutorial* che **guadagna** proprio **pubblicando** più libri su argomenti specifici: prova ad immagina il classico eBook venduto su Amazon a **2,99 €** per il quale si percepiscono **royalties del 70%** (ovvero **2,00 €** lordi di guadagno per ogni eBook venduto).

Pubblicando **15 eBook** (si tratta chiaramente di mini eBook da 10/15.000 parole al massimo che possono essere realizzati anche con cadenza mensile) nel giro di un anno e mezzo, vendendo una copia di ogni eBook al giorno, si

possono guadagnare **30,00 €** al giorno, ovvero **900,00 €
al mese**.

Quando si scrive un eBook, in fase di **pianificazione**, è
importante fare una **stima** delle copie giornaliere da
vendere, in modo da capire se:

- L'argomento trattato ha dei buoni margini di profitto

- L'argomento trattato ha un buon numero di ricerche e
quindi di potenziali lettori

- Esistono libri affini al nostro e in che posizione stanno su
Amazon

- Quante recensioni hanno gli altri libri che trattano lo
stesso argomento che abbiamo scelto per il nostro libro

I *venditori seriali di eBook* sfruttano queste strategie per
capire quali eBook pubblicare e magari anche *in che ordine
pubblicarli*, creando dei sequel che alimentano tutto il
portafoglio di libri pubblicati (ad esempio io potrei scrivere
un libro che spiega come guadagnare con un blog e poi
andare a pubblicare una serie di libri che trattano
argomenti affini e che completano il primo libro: "come
creare un blog senza avere competenze", "come scrivere
contenuti per un blog", "come posizionare un blog sui
motori di ricerca", "come fare pubblicità e promuovere un
blog efficacemente", ...).

Scrittura e revisione del libro...

Per scrivere il libro, come hai letto, ho impiegato un mese circa, ma se mi chiedessero qual è stata la parte più difficile e lunga risponderei senza ombra di dubbio la **revisione del libro**, che ho fatto insieme alla mia ragazza (non ho chiesto un revisore di bozze o un professionista per sposare a pieno il *Self Publishing*).

Per questo motivo ti consiglio di dedicare tutto il tempo necessario alla revisione, mettendo così sul mercato un prodotto di qualità (come hai letto, ho ricevuto una recensione che lamentava la qualità dell'impaginazione del libro)!

A proposito del mio **metodo di scrittura** per portare a termine il libro, ho stabilito, come approfondirò anche nel capitolo "Come scrivere un libro", il mio **obiettivo minimo giornaliero di scrittura** e la **data di pubblicazione**, in modo da rispettarla a tutti i costi.

Passiamo dunque al secondo capitolo di questo libro, dove approfondisco l'argomento **guadagnare con i libri** in Self Publishing, sei pronto?

Le Royalties: Guadagnare con i libri

È un viaggio per viandanti pazienti, un libro. (A. Baricco)

Parliamo subito dei **guadagni** che si possono generare grazie alla vendita di un libro: le **royalties**.

Con il termine **Royalties** infatti vengono indicati i ricavi generati dalla vendita dei libri pubblicati su Amazon o sulla piattaforma che preferisci: esattamente come per i brani musicali e le invenzioni brevettate, anche per i libri si percepiscono i guadagni sotto forma di **royalties**, o **diritti d'autore**.

Per ogni vendita del tuo libro, sia essa in formato cartaceo o digitale, riceverai una determinata percentuale del prezzo di vendita.

Le percentuali di vendita sono soggette a variazione in base a numerosi fattori:

- La piattaforma che deciderai di utilizzare per la pubblicazione del libro;

- Il formato del libro (digitale/cartaceo);

- Il prezzo al pubblico

Durante la scrittura di questo libro, andando ad approfondire alcune tematiche (non necessarie per pubblicare un libro in Self Publishing) ho scoperto che **anche l'ISBN** (numero univoco identificativo del libro) **va ad incidere sul prezzo e sui guadagni di un libro:** un libro senza ISBN viene infatti tassato con IVA al 22% mentre un libro con ISBN viene tassato con IVA al 4%.

Ogni piattaforma di Self Publishing dispone inoltre di un vero e proprio **tariffario** per l'ISBN del libro:

- Amazon fornisce un **Codice ASIN**, valido solo per Amazon

- StreetLib offre il Codice ISBN gratuitamente

- YouCanPrint fa pagare 30,00 € per codice ISBN

- Ilmiolibro fa pagare 79,00 €

All'interno di questo libro ti spiegherò anche come potrai acquistare autonomamente il tuo codice ISBN (io non ho acquistato il codice ISBN ed ho ottenuto il codice ASIN di Amazon).

Una delle informazioni più diffuse, grazie probabilmente alle strategie di marketing adottate da Amazon, è quella che **pubblicando un libro su Amazon si ottiene il 70% delle Royalties**, vale a dire il 70% del prezzo stabilito per il libro pubblicato all'interno di Amazon.

In realtà, andando a leggere i termini del servizio e le pagine dedicate al Self Publishing di Amazon si scopre che **il 70% di Royalties viene riconosciuto** a quegli eBook che rispettano una serie di standard stabiliti da Amazon:

- Il libro deve avere un determinato standard di peso in termini di Kb (kilobyte);

- Il prezzo del libro non deve essere superiore a 9,99 €;

- Il libro deve essere pubblicato in alcuni paesi*

*I paesi dove è possibile acquistare un libro su Amazon e beneficiare del 70% di royalties rispettando termini e condizioni sono: Andorra, Australia, Austria, Belgio, Brasile, Canada,Città del Vaticano, Francia, Germania, Gibilterra, Guernsey, India, Irlanda, Isola di Man, **Italia**, Giappone, Jersey, Liechtenstein, Lussemburgo, Messico, Monaco, Nuova Zelanda, Paesi Bassi, Regno Unito, San Marino, Svizzera, Spagna, Stati Uniti.

Attenzione: consiglio sempre di controllare termini e condizioni di Amazon per essere aggiornati su eventuali modifiche che potrebbero nel tempo essere attuate, ed andare a modificare i paesi che possono beneficiare di questi vantaggi.

Quando verrò pagato?

Prima di parlare dell'aspetto fiscale, cerchiamo di capire **quando paga Amazon gli autori dei libri**.

I pagamenti vengono erogati al raggiungimento dell'importo minimo di vendite stabilito da Amazon, che è pari a **100,00 € / $ / £** (Amazon infatti vende in tutte e tre le valute e le royalties possono arrivare sia in euro che in dollari e sterline, anche se poi verranno accreditate sul proprio conto corrente nella valuta del conto).

Il pagamento delle royalties può avvenire o sotto forma di **bonifico bancario** o tramite **assegno**.

Se sceglierai (come ho fatto io) come metodo di pagamento il bonifico bancario, i pagamenti arriveranno a **30 giorni dalla fine del mese**: in pratica per le copie vendute nel mese di Gennaio 2017, CreateSpace mi ha pagato a fine Febbraio 2017, per le copie vendute a febbraio sono stato pagato a fine marzo e così via.

Come anticipato all'inizio di questa sezione, CreateSpace paga in diverse valute a seconda del canale tramite il quale è stato venduto il libro: sul tuo account, alla voce **Royalt Balance**, potrai trovare infatti il report con i guadagni generati nelle varie valute:

- Dollari ($)

- Sterline (£)

- Euro (€)

Cinque/dieci giorni prima della fine del mese, inoltre, **Createspace** ti invierà una email con il report delle vendite mensili (nell'email viene dettagliato il numero di copie vendute e le royalties generate in dollari, sterline ed euro), quindi ti verrà notificato che il pagamento è stato emesso ed entro la fine del mese potrai vedere sul tuo conto corrente il bonifico da Amazon convertito nella valuta del tuo conto bancario.

In sintesi i guadagni provenienti dal Self Publishing con Amazon e CreateSpace vengono corrisposti tramite bonifico bancario 60 giorni dopo la fine del mese in cui si è raggiunto un guadagno pari a 100 € di royalties sulle vendite del libro.

Facendo un esempio pratico, per raggiungere la soglia minima di pagamento con il mio primo libro devo vendere 7 copie al mese, queste sette copie mi permettono di avere 105,00 € circa di royalties e quindi di ricevere il pagamento, mentre il prezzo di vendita al pubblico delle copie sarà di 210,00 €.

Come dichiarare i guadagni delle vendite dei libri?

Possiamo a questo punto cercare di capire in maniera un pò più approfondita l'aspetto fiscale della pubblicazione di uno o più libri: **come vanno dichiarati i guadagni ricevuti sotto forma di Royalties al fisco?**

Come vanno inseriti in dichiarazione dei redditi?

Premessa: Sull'aspetto meramente fiscale ti consiglio di chiedere una consulenza ad un commercialista, non essendo un commercialista infatti le informazioni fornite potrebbero essere inesatte o incomplete.

Il mio commercialista di riferimento è il **Dott. Vincenzo Romano,** se vuoi richiedere direttamente a lui una consulenza troverai nella sezione risorse di questo libro un link per richiedere la tua consulenza fiscale.

Come vanno dichiarati i guadagni provenienti dalla vendita di libri scritti in Self Publishing e quindi pagati sotto forma di Royalties (diritto d'autore)?

In Italia il diritto d'autore è disciplinato da una normativa particolare, la **Legge 633/1941**.

Con l'avvento del digitale e degli eBook questa normativa ha generato diversi dibattiti circa la necessità di maggiore protezione per le informazioni che vengono definite dalla legge "immateriali" perché prive di un supporto fisico (in questo caso cartaceo).

Secondo quanto riporta la legge, *il trattamento fiscale dei redditi che derivano dalla cessione dei diritti d'autore su libri ed eBook vanno classificati come **redditi da lavoro autonomo** (Articolo 53 Comma 2 lett b del TUIR) e quindi vanno conseguiti direttamente agli autori.*

Nel momento in cui questi diritti d'autore vengono considerati **redditi da lavoro autonomo** possono usufruire di un **abbattimento forfettario** a titolo di deduzione forfettaria delle spese pari al **25%** che sale fino al **40%** se il percettore ha una età inferiore ai 35 anni (Articolo 54 Comma 8 DPR 917/86).

Questi vengono classificati dunque come **redditi diversi** e bisogna distinguere se sono stati acquisiti a titolo oneroso o a titolo gratuito.

Trattenuta 30% Royalties Amazon.com?

Ho scoperto che teoricamente è possibile evitare la trattenuta del 30% sulle royalties derivanti dalla vendita di libri pubblicati con piattaforme statunitensi come Amazon (per approfondire puoi cercare online Giulio Sanguinetti).

Se sei un autore non residente negli USA, e se stai pubblicando in Self Publishing con piattaforme che hanno sede amministrativa in USA (Amazon, CreateSpace, KDP, Smashwords) devi sapere che per le royalties guadagnate dai siti .com (e quindi, generalizzando, per le vendite fuori dall'Italia e dall'UE) ti sarà decurtato il 30% delle royalties.

Questa trattenuta viene versata al fisco americano dall'azienda che hai scelto per pubblicare il tuo libro. Per abbattere questa trattenuta puoi trasferirti in USA o seguire una procedura precisa, ben spiegata nel libro di Sanguinetti *Royalties USA per i tuoi libri: Come evitare la trattenuta del 30%*.

In breve, Italia e USA hanno stipulato un accordo per cui i residenti italiani possono godere di una non tassazione sulle opere di ingegno i cui guadagni sono realizzati in USA. Ti servirà dunque l'**ITIN** (Codice fiscale ufficiale americano) o l'**EIN** (Employer Identification Number), un codice fiscale che identifica l'autore come titolare di una attività ma che è contribuente dall'estero.

Ottenuto l'EIN potrai inserirlo su CreateSpace, all'interno dei tuoi dati fiscali (Account >> Royalty Payment Information >> Update Tax Information).

Personalmente non ho seguito questa procedura in quanto la maggior parte delle mie copie viene venduta in Italia, e, di conseguenza, ritenevo un pò macchinosa e poco utile la procedura di abbattimento delle tasse sulle royalties generate per le vendite provenienti da **amazon.com**.

Ti consiglio di approfondire e valutare, nel tuo caso, se vale la pena seguire questa procedura per abbattere questi costi che, in caso di grandi numeri, potrebbero portar via una buona fetta dei guadagni.

Per saperne di più su come dichiarare i guadagni derivanti dal Self Publishing e su quale sia la tassazione su questi guadagni ti consiglio comunque di chiedere una consulenza ad un commercialista.

Esistono infatti casistiche differenti in base all'età ed al proprietario dei diritti, ti basti per adesso sapere che per i guadagni percepiti da royalties di libri ed eBook non bisogna emettere una fattura mensile ma bisogna inserirli in dichiarazione dei redditi all'interno di una sezione specifica.

Capitolo 3

Come scrivere un libro: Programmi e Suggerimenti

Tutto quello che sei capace di immaginare è reale. (P. Picasso)

Premessa: in questo libro non darò consigli di Copywriting o di scrittura, ho deciso però, con molta umiltà, di condividere alcuni suggerimenti ed informazioni che mi sono state utili e che ho messo in pratica per scrivere il mio libro, sono sicuro che fra questi potrai trovare degli spunti interessanti.

La prima cosa da fare, quando si decide di scrivere un libro, è identificare il **destinatario** o i **potenziali lettori** del tuo libro.

Nel mio caso, il mio obiettivo con "Da 0 a 30.000 € Con un Blog" è aiutare tutte le persone che vogliono cimentarsi nel mondo del **blogging** a capire **come creare un blog** di successo, dimostrando al tempo stesso che il blog può essere un valido strumento per **guadagnare** se si mette in atto una buona strategia.

L'obiettivo di un libro dovrebbe essere chiaro e dovrebbe permettere al lettore ed al potenziale acquirente di avere una **esperienza positiva:** un romanzo dovrebbe catturare il lettore e trasportarlo in un mondo affascinante, un manuale dovrebbe guidarlo nella risoluzione di un problema o nello sviluppo delle competenze necessarie per padroneggiare un determinato argomento (può essere un programma, un settore come quello della comunicazione, del marketing o dell'economia, ...).

Senza un obiettivo il libro risulterà noioso, poco chiaro e susciterà un'emozione negativa nel lettore: questa potrebbe quindi generare **recensioni negative** e, di conseguenza, un calo di vendite.

Ecco perché, il tuo scopo, durante la scrittura del libro, dovrebbe essere quello di suscitare un'**emozione positiva** in chi legge il libro e risultare **utile,** interessante, valida, generando quello che alcuni chiamano **effetto Wow**.

Mentre scrivi il tuo libro, dovresti inoltre cominciare a **costruire la tua reputazione online** attraverso il **Personal Branding,** creando un blog, un gruppo su Facebook o condividendo informazioni con i tuoi lettori (magari delle anteprime del libro): puoi anche decidere di **creare una mailing list/newsletter** per contattare e aggiornare i tuoi primi "fan" sullo stato di pubblicazione del libro o con delle anteprime.

Una delle strategie molto utilizzate ultimamente è proprio quella dei **gruppi Facebook:** creando un gruppo su Facebook e condividendo informazioni (in special modo nel settore dell'internet marketing), "scaldi" il pubblico, che sarà pronto ad acquistare non appena pubblicherai il tuo libro.

È una delle *strategie* che più vengono consigliate fra gli internet marketers!

Se ti piace invece scrivere **romanzi** potresti cominciare a creare delle **mini storie** da pubblicare su Facebook (Pagina, gruppo o profilo personale, *fra queste tre opzioni, quella che ti sconsiglio è il profilo personale*) o sul tuo blog e regalarle ai tuoi amici/potenziali lettori.

Se sei un esperto su un determinato settore potresti invece creare un blog dedicato proprio ad un argomento specifico: io non ho dovuto creare un blog per incentivare le vendite perché gestisco dal 2008 Monetizzando.com®, un sito dove da sempre parlo di **come lavorare e guadagnare online**, questo chiaramente mi ha aiutato a sostenere le vendite del libro.

Ti consiglio inoltre di analizzare e studiare a tavolino quelli che saranno **i vantaggi che può portare un buon libro:** non solo offrirai valore, contenuti, informazioni o intrattenimento ai tuoi lettori, ma potrai ricevere **recensioni positive** e di conseguenza le persone potrebbero voler **regalare** il tuo libro ad amici, familiari o conoscenti.

Grazie al tuo libro potrai essere anche contattato come relatore per eventi o per consulenze (alcuni web marketer sono riusciti a procacciarsi clienti, grazie alla pubblicazione di libri sul marketing online).

Potrai inoltre creare delle **fonti di reddito passivo** che ti permetteranno di avere un guadagno nel tempo (specialmente per i libri che trattano temi o argomenti *evergreen* e che non sono soggetti a cambiamento).

Ho scoperto che esiste una vera e propria professione, ancora poco diffusa in Italia, che è quella dell'**Authorpreneur**, un termine inglese che indica **l'autore - imprenditore** e si fonda proprio sulla pubblicazione di più libri: per ogni libro pubblicato, a seconda della qualità dei contenuti, potrai far crescere la tua **rendita passiva** incentivando le vendite di tutti gli altri libri:

Pensa all'autrice di Harry Potter, ha cominciato con il suo primo libro, è stato un successo ed ha creato dei libri - sequel, diventando una delle autrici più lette di tutti i tempi ed entrando nel 2011 fra le donne più ricche del Regno Unito.

La storia di J.K. Rowling è una delle più affascinanti nel mondo dell'editoria e dei romanzi: nel 1997 una casa editrice allora poco conosciuta accettò il suo manoscritto.

Il successo del primo libro, Harry Potter e la Pietra Filosofale, superò le più rosee aspettative e raccolse un ampio numero di consensi ed un pubblico di tutte le fasce d'età: l'autrice ai tempi era praticamente sconosciuta e non aveva nessun appoggio nel campo editoriale.

Al primo romanzo ne seguirono altri, il secondo nel 1998, il terzo nel 1999, il quarto nel 2000, quando in due giorni vennero venduti tre milioni di copie. A seguire, nel 2003 uscì il quinto libro che vendette cinque milioni di copie in

24 ore e nel 2005 l'ultimo libro che ha raggiunto 9 milioni di copie in 24 ore.

La conclusione della serie di Harry Potter si ha però nel 2007, quando il libro in 24 ore raggiunge ben 11 milioni di copie e 72 milioni in tutto il mondo nel primo fine settimana...

È evidente che si tratta di un fenomeno eccezionale, ma può far riflettere sull'importanza di pubblicare più libri e su come sia possibile creare un vero e proprio fenomeno ed un business milionario.

Come trovare l'argomento per un libro?

A meno che tu non voglia scrivere un romanzo, e non abbia già la tua trama (o il tuo libro) pronta, ho scoperto che esiste un metodo per capire quali sono gli **argomenti migliori** sui quali scrivere un libro.

Alcuni "professionisti" o "Authorpreneur" infatti sfruttano Amazon per **capire** quali sono gli **argomenti** e le **parole chiave** più cercate (chiaramente, per fare queste ricerche, puoi sfruttare anche Google ed i motori di ricerca).

Chi scrive libri "in serie" o chi pubblica numerosi libri (spesso sono **eBook** venduti a basso prezzo), si crea una vera e propria **lista di parole chiave** e/o di argomenti da affrontare su uno o più libri, in modo da creare una serie di testi che possono affrontare un argomento e sviscerarlo in varie tematiche: questo chiaramente può aiutare ad incrementare le vendite generali di quanto pubblicato da un autore.

Anche se già sai quale sarà l'argomento del tuo libro, ti consiglio comunque di fare delle ricerche delle parole chiave (o **keyword**) poiché, in fase di pubblicazione del libro, Amazon e CreateSpace chiedono quali sono le **keyword** pertinenti rispetto al contenuto del libro: queste ci aiuteranno chiaramente a comparire nelle ricerche degli utenti.

Un conto è inserire le prime parole chiave che ci vengono in mente, un conto è invece trovare le parole chiave migliori e con più ricerche per sfruttarle a nostro vantaggio (a tal proposito, sempre nella sezione risorse del libro, troverai un link che ti offre alcuni consigli sulla **keyword research** per i siti internet, ma che può essere utile anche nel caso del Self Publishing).

La ricerca delle parole chiave è di fondamentale importanza anche per il **titolo del libro:** più parole chiave ci saranno nel titolo (che comunque dovrà essere accattivante e leggibile) e più possibilità ci saranno di comparire nei risultati delle ricerche di Amazon!

Nota: *questa scoperta l'ho fatta dopo aver pubblicato il mio primo libro, che infatti non contiene nel titolo la parola "blogging": probabilmente, inserendola, avrei migliorato le performance di vendita!*

Un buon modo per **scoprire le parole chiave** più interessanti è sfruttare i **suggerimenti di Amazon,** quelli che compaiono, per intenderci, quando cominci a digitare delle parole nel box di ricerca:

Prova a scrivere su Amazon "Scrivere" e Amazon stesso suggerirà:

- Per il Web

- È un mestiere pericoloso

- con la luce

- Testi in 9 mosse

- Bene

- Zen

- In corsivo

- Bene è un gioco da ragazzi

- In italiano

- All'università

E se invece scrivo **"Pubblicare"?** Ecco i risultati:

- Pubblicare un libro su Amazon

- Pubblicare su Amazon

- Pubblicare con Amazon

- Pubblicare Libro

- Pubblicare Kindle

- Pubblicare eBook

- Pubblicare Cartaceo

Interessante, non trovi?

È chiaro che la stessa tipologia di ricerca possiamo andarla a fare anche su Google, scoprendo così se ci sono molte persone interessate ad un determinato argomento che vogliamo affrontare nel nostro libro in Self Publishing!

Tutte queste ricerche e questi risultati, inoltre, potrebbero essere molto utili per il tuo sito, per il tuo blog, o per i contenuti da condividere con i tuoi potenziali futuri lettori: otterrai infatti idee per articoli e contenuti da pubblicare per intercettare persone cui proporre, una volta pubblicato, il tuo libro!

Dopo aver fatto queste ricerche puoi cominciare a strutturare i vari **capitoli** del libro, creando un elenco di **temi**, **argomenti**, **parole chiave** che vuoi affrontare, in questo modo potrai organizzare in maniera efficace il tuo lavoro.

Come portare a termine la scrittura di un libro

A qualcuno potrà sembrare un capitolo superfluo, ma conosco molte persone che hanno come sogno nel cassetto quello di **scrivere e pubblicare un libro**, ma non sono mai riuscite a *finire* di scriverlo.

Questo perché si tende a pensare che scrivere un libro sia una vera e propria "impresa" e che bisogna completarlo tutto in una volta, oppure perché non si sa come organizzare il lavoro e, sopratutto, non si ha una **data di scadenza** (o comunque si sa che quella data potrà essere posticipata).

Il mio **metodo**, per pubblicare un libro in 60 giorni, è stato molto semplice:

- Ho stabilito un "Obiettivo giornaliero di scrittura": Ogni giorno ho scelto di ritagliarmi 60 minuti circa per scrivere un minimo di 1000 parole per il mio libro. Un vero e proprio "flusso di coscienza", ho badato poco a quello che scrivevo, l'importante era veder crescere il conteggio delle parole di 1000 al giorno;

- Ho stabilito una **data di pubblicazione:** che non doveva essere prorogata. A dir la verità inizialmente avevo pensato di pubblicare il libro prima di Natale (e sfruttare così il Natale per incentivare le vendite), ma per cause di forza maggiore ho dovuto posticipare la data di qualche giorno, ma, proprio per aver dato una **data improrogabile**, pensa che il mio libro è stato caricato su Amazon l'**1 Gennaio 2017**!

Sarò sincero, forse sono stato esageratamente intransigente, e forse qualche giorno in più mi avrebbe permesso di evitare alcuni piccoli errori che ho fatto in fase di pubblicazione del libro, ma sono dell'avviso che è meglio una cosa imperfetta che una cosa non fatta.

Dopo qualche giorno dalla pubblicazione, e le prime vendite, sono arrivati alcuni consigli e feedback dei lettori, che mi hanno segnalato alcune piccole imperfezioni (di cui ti parlerò fra poco) che ho corretto in un secondo momento.

Nessun grande segreto dunque, il metodo per scrivere un libro e finirlo in poco tempo è fatto di due semplici passaggi che bisogna rispettare a tutti i costi, ed i risultati saranno presto visibili!

A qualcuno potrà sembrare una sciocchezza, ma nel mio caso (e per molte persone) questo fa tutta la differenza fra un libro pubblicato ed uno che resta sempre "in bozza": stabilisci quale sarà il tuo obiettivo di scrittura giornaliero e porta a termine quell'obiettivo.

Io ho deciso di scrivere 1000 parole al giorno ed in 30 giorni ho creato il mio primo libro da 30.000 parole circa, pronto per la revisione e per essere pubblicato!

Aspettare che il libro sia perfetto può infatti far spegnere lo sprint o la carica che avevamo inizialmente, e così ho scritto tutto e poi sistemato una serie di "errori":

- Mi ero dimenticato di inserire i numeri di pagina (non so perché ero convinto che li inserisse automaticamente Amazon);

- C'erano alcuni errori di scrittura e alcune ripetizioni, che ho corretto caricando successivamente una revisione.

Fatta questa introduzione voglio condividere con te qualche altro **consiglio** che ti potrà tornare utile per

portare a termine il tuo primo libro (ed i tuoi successivi libri) attraverso un vero e proprio **piano operativo** che ti permetterà di mettere online nel giro di **due o tre mesi,** il tuo primo libro (a seconda del tempo che avrai a disposizione potrai pubblicarlo anche in un mese)!

Dopo aver affrontato il tema dell'**argomento del libro** possiamo quindi dedicarci al **Titolo:** in una prima fase puoi dare un titolo provvisorio e creare una serie di titoli alternativi.

Sulle **headline**, ovvero sui titoli, ci sono interi trattati e libri, io stesso ho scritto un articolo (lo trovi nella sezione risorse), ma il consiglio chiave è:

Scrivi almeno 10 titoli per il tuo libro e lasciali "maturare" nel tempo: in una prima fase devi solamente mettere nero su bianco ciò che ti passa per la testa e le idee che ti vengono in mente. Dopo averlo completato potrai scegliere il titolo definitivo.

Una volta scritto il titolo potrai anche scegliere un **sottotitolo** per il tuo libro, e quindi sviscerare l'argomento aggiungendo qualche parola sul tema del tuo libro (o del tuo romanzo).

Dopo aver scelto:

- Argomento

- Titolo (Provvisorio)

- Sottotitolo

Devi assolutamente stabilire la tua **deadline**, ovvero la **data di pubblicazione**: se non fissiamo il giorno entro il quale vogliamo pubblicare il libro, la data di pubblicazione slitterà giorno dopo giorno, settimana dopo settimana, mese dopo mese, ed il libro non vedrà mai la luce del sole!

Fatto questo ti consiglio di dedicare un pò di tempo alla creazione di uno **schema** (puoi farlo anche su carta, a me piace molto progettare su carta prima di riportare tutto in digitale) sulla **struttura del tuo libro:**

- **Quali argomenti trattare?**

- Quali e quanti capitoli/paragrafi dovrai inserire?

- Quali e quante immagini ci saranno sul libro?

Dovresti avere chiaro quale **tipologia di libro** vuoi pubblicare (romanzo, libro di fiabe, libro tecnico, manuale, libro formativo, ...) e, in base alla tipologia scelta, stabilire l'impostazione e l'impaginazione: **prova a dare una occhiata** ad altri libri dello stesso settore o che trattano un argomento simile al tuo quindi studia **la struttura** e costruisci il libro sfruttando se vuoi software come **WorkFlowy** che ti permettono di creare un flusso di lavoro).

Una volta creato questo schema potrai cominciare a trattare uno dopo l'altro gli argomenti o i temi dei capitoli del tuo libro, andando così a scrivere i contenuti in maniera organizzata.

Probabilmente ti renderai presto conto che ci saranno giorni nei quali scriverai anche più di 1000 parole perché

vorrai "completare un argomento": vuol dire che sei nel
mood giusto per pubblicare in poco tempo il tuo libro!

La revisione del libro "del principiante"

Non sono un correttore di bozze, e non faccio di mestiere
l'editore, quindi ho scelto di dare come intestazione a
questa sezione del libro "la revisione del principiante".

Ho scelto questo titolo perché, a dir la verità, per il mio
primo libro il lavoro di revisione non è stato fatto da un
professionista: come ho già scritto ce ne siamo occupati io e
la mia ragazza, cercando di correggere alcuni passaggi, la
punteggiatura, le ripetizioni ed alcuni errori di battitura.

Durante il lavoro di revisione bisognerebbe infatti:

- Eliminare le ripetizioni;

- Controllare la punteggiatura;

- Rivedere frasi e concetti poco chiari;

- Organizzare i contenuti del libro;

- Inserire eventuali approfondimenti, immagini o
  contenuti.

Quello che ho fatto io è stato chiedere a Viviana di leggere
ad alta voce il libro ed aiutarmi a correggerlo e sistemarlo:
ascoltare le tue parole ad alta voce da una persona che non
ha mai letto il libro ti permetterà infatti di capire quali sono

i concetti che vengono interpretati male o che non sono chiari.

Può capitare, e forse capiterà anche a te, di dover riscrivere alcuni passaggi da zero: è più semplice riscriverli che correggerli a volte, ma meglio scrivere di getto e lavorare in un secondo momento per eliminare il superfluo che fermarsi di continuo per trovare "la versione perfetta".

Stabilire l'obiettivo giornaliero inoltre mi ha permesso di creare una vera e propria **abitudine,** di sviluppare una **routine quotidiana** (un'ora al mattino presto ad esempio) durante la quale fare una determinata attività, andando a completare e raggiungere così gli obiettivi che ci siamo prefissati.

Dopo aver finito di scrivere il libro, il lavoro di revisione sarà più **stimolante** perché sai che già "hai scritto tutto, e manca un piccolo passo per pubblicare il libro"!

Prima di concludere questa sezione, quindi, voglio darti qualche piccolo consiglio che ti potrà tornare molto utile:

- Non pensare solamente al **numero di parole/pagine** che vuoi per il tuo libro: non è necessario scrivere libri con migliaia di parole e nessun valore (ho visto libri che hanno parecchi spazi vuoti per "far prendere appunti al lettore" o che sono scritti con un font più grande per sembrare più voluminosi e dare così un senso di autorevolezza/credibilità - *mi hanno raccontato che alcuni marketer invitano le persone che vogliono scrivere un libro a scrivere con font grandi e molte immagini, lasciando spazi bianchi per creare un libro* *voluminoso che possa così **spiccare fra i libri di una libreria** - io sono dell'avviso che **il tempo è denaro** e quello che conta sono i contenuti. Meglio essere brevi, concisi ed utili che prolissi, pedanti e inutili!*

- Attento a ripetizioni, punteggiatura, frasi e impaginazione: sono tutti aspetti che daranno al tuo libro un senso di professionalità. Pubblicando in Self Publishing ti esponi ai commenti dei lettori che si aspettano sempre un prodotto di qualità (una delle recensioni da 3 stelle del mio libro lamentava proprio la cura dei dettagli e non i contenuti).

- **L'importanza della copertina:** è il tuo biglietto da visita, dovrebbe spiccare e differenziarsi all'interno di Amazon, catturare l'attenzione di chi sta navigando fra le centinaia e migliaia di libri presenti su Amazon.

*A proposito della copertina, penso di essere stato molto fortunato, ho chiesto infatti a Viviana di fare la copertina per il mio libro, ma se tu non conosci nessuno che può aiutarti nella realizzazione della copertina puoi scegliere uno dei servizi più rapidi, economici e "semi professionali" che ci sono a disposizione grazie ad internet: visita **www.fiverr.com** e richiedi di farti realizzare una copertina per 5,00 $ (cinque dollari) - chiaramente dovrai scegliere tu testo e immagini da inserire e dare le linee guida al grafico che sceglierai su fiverr - ricordando comunque che si tratta di un servizio molto economico ed alla portata di tutti.*

Mi sono accorto di un errore dopo aver inviato il libro ad Amazon, lo posso correggere?

Certo che sì, anche dopo che il libro è stato pubblicato su Amazon (e anche dopo che questo viene venduto) puoi sempre inviare delle revisioni.

Pensa che, per il mio primo libro, uno degli acquirenti mi ha contattato per segnalarmi alcuni refusi: li ho corretti ed ho inviato il libro ad Amazon con la versione aggiornata.

Curiosità: Quando ho inviato la prima versione del libro su CreateSpace ho caricato la copertina nel formato che avevo scelto per il libro (5.5" x 8.5").

Quando si crea la copertina del libro Amazon ti permette di scaricare delle **linee guida** da rispettare, con le dimensioni corrette ed un template sul quale basarsi.

Il file con il contenuto del libro (che va inviato separato dalla copertina) l'avevo impaginato, ma non avevo riflettuto sul fatto che le dimensioni delle singole pagine (e quindi dei fogli) dovevano essere come quelle scelte per la copertina.

Quindi ho dovuto modificare la dimensione delle pagine, correggere gli errori di impaginazione (cambiando la dimensione del foglio si spostano capitoli, titoli e immagini se non inserisci correttamente le interruzioni di pagina, cosa che originariamente non avevo fatto) e inviare la nuova versione ad Amazon.

Come ti ho già raccontato, inoltre, dopo aver pubblicato il libro ho ordinato alcune copie tramite CreateSpace e mi sono subito accorto che **non c'erano i numeri delle pagine.**

Ogni volta che invii una revisione del tuo libro questa deve essere prima approvata da CreateSpace: i tempi di approvazione sono di 24/48 ore e, durante questa fase di "approvazione" il libro potrebbe risultare **"Non Disponibile"** su Amazon, quindi:

> *Ti consiglio di fare eventuali modifiche nei giorni in cui pensi si possano fare meno vendite (ad esempio i Week end).*

Fortunatamente Amazon quando il libro viene messo in revisione e risulta "non disponibile" inserisce la possibilità di **prenotare una copia** o **ricevere un avviso quando il libro tornerà disponibile** e questo, a mio avviso, permette di "limitare i danni", o meglio le mancate vendite che potrebbe causare la revisione e l'aggiornamento del testo.

Curiosità: Ho notato come, a seconda della popolarità del libro, della sua posizione in classifica e soprattutto del numero di vendite giornaliere che un libro fa, CreateSpace/Amazon stampi delle copie per avere una disponibilità maggiore e quindi spedire più rapidamente il libro.

Quando si manda un libro in revisione, e quindi quando vengono effettuate delle modifiche, fino a quando Amazon non finisce le "copie della vecchia versione" abbassa il prezzo del libro, per riportarlo al prezzo standard.

Riassumendo dunque la risposta alla domanda sugli errori, è possibile correggere e inviare l'intero testo a CreateSpace tutte le volte che vogliamo ma ogni volta bisognerà attendere l'approvazione, meglio valutare bene quando apportare quindi le correzioni e le modifiche.

Nel mio caso ho infatti analizzato i giorni in cui il libro vendeva meno ed ho inviato le modifiche il venerdì sera intorno alle 23.00 (ringrazio Salvatore per avermi segnalato alcuni refusi presenti nel libro e tutti gli altri lettori che mi hanno aiutato a renderlo migliore), e, in questo modo, il lunedì il mio libro era nuovamente disponibile su Amazon!

Impaginazione del libro "fai da te"

A proposito dell'impaginazione, potrai scegliere di affidare questo compito ad un collaboratore o un professionista.

Se invece vuoi seguire la strada del "fai da te" (che peraltro ho scelto anche io) ti consiglio di leggere il libro gratuito **Guida allo Stile Smashwords,** in cui vengono spiegati *i segreti per impaginare e formattare bene un libro* (a quanto pare puoi anche scegliere di chiedere l'aiuto di un *Autore SmashWords* che costa 25,00 € l'ora per impaginare il tuo libro).

Esistono numerosi libri dedicati all'impaginazione, e molti tutorial sul web, in questa sezione della mia guida al Self Publishing cercherò di riassumere quanto ho imparato e letto ma...

Confesso: quando ho pubblicato il mio primo libro, non avevo letto quel libro e nemmeno manuali o articoli... Ho scoperto la quantità di informazioni disponibili sull'impaginazione solamente quando ho cominciato a scrivere questo libro.

Per creare, scrivere e impaginare il mio libro mi sono avvalso di un semplicissimo strumento: **Pages** per Mac (va benissimo anche Word per Microsoft).

In buona sostanza, a mio avviso, per scrivere e pubblicare un libro tutto ciò che ti serve è:

- Un computer;

- Una connessione ad internet;

- Un pò di pazienza;

- Un programma di videoscrittura.

Attenzione: esistono anche dei programmi pensati ad hoc per la scrittura dei libri, ma se vuoi cominciare "a costo zero" o "senza budget", investendo solo del tempo, puoi tranquillamente scrivere il tuo libro con Word o Pages (che peraltro offrono anche dei **template** o layout pensati per eBook o libri).

Curiosità: uno dei programmi più utilizzati per chi scrive eBook e libri in maniera professionale è **Scrivener**, io non lo conoscevo prima di dedicarmi all'argomento Self Publishing, ma basta fare qualche ricerca su internet per scoprire che è un ottimo software disponibile sia per

Windows che per Mac e che costa circa **30,00 €**, quindi se vuoi dotarti di un software professionale valutalo!

Altra alternativa fra i programmi professionali per l'impaginazione di un libro è **InDesign** di Adobe, personalmente sconsiglio questa soluzione, perché si tratta di un programma molto professionale, che ha un costo abbastanza elevato e che potrebbe rallentare il processo di scrittura e pubblicazione del libro ai non addetti ai lavori.

In pratica? Se non vuoi spendere soldi per il tuo libro e vuoi subito pubblicare, accontentati di Word o Pages e non cercare scuse/software costosi che poi non sai usare!

Come dicevo, per scrivere il libro, ho utilizzato **Pages**, il programma di videoscrittura per Mac che fra i modelli (o layout) disponibili annovera anche il modello **Libro digitale ePub**, quello che ho scelto per scrivere il primo ed il secondo libro.

È importante, durante l'impaginazione, familiarizzare con quelli che sono **gli stili di scrittura** ed i **layout del testo** presenti in tutti i programmi di videoscrittura: imparare ad utilizzarli è di fondamentale importanza per avere un prodotto finale di qualità (e questo l'ho imparato io stesso a mie spese).

Per semplificare e riassumere l'argomento devi sapere semplicemente che gli stili del testo, che devono essere utilizzati per strutturare il tuo libro, sono:

- Titolo;

- Sottotitolo;

- Paragrafo;

- Citazione;

- Didascalie;

- Note a piè di pagina.

Ogni parte del testo dovrebbe essere formattata correttamente, dando così la sensazione di trovarsi di fronte ad un prodotto professionale (e quindi di qualità, curato nei particolari) ed offrendo una esperienza di lettura piacevole al lettore (senza dimenticare, a tal proposito, che anche la grandezza del carattere ed il font scelto contano: quando pubblichi un libro in Self Publishing devi prestare attenzione ad ogni aspetto del libro).

Secondo diverse ricerche e alcuni professionisti che si occupano proprio di impaginazione di libri in Self Publishing, ci sono alcuni **errori frequenti** che commettono le persone che scrivono libri per l'autopubblicazione:

- **I rientri di pagina** fatti con il tasto tab o con la barra spaziatrice (per impostare un rientro di pagina correttamente bisognerebbe infatti impostare nello stile del paragrafo un *rientro speciale di prima riga*);

- La **ripetizione impropria del capoverso** (vale a dire premere il tasto invio per andare a capo): non bisognerebbe mai usare, secondo quelle che sono le regole di una buona impaginazione, più di quattro capoversi consecutivi, per evitare di creare pagine bianche e senza parole sui dispositivi più piccoli (questa informazione è molto utile nel caso tu voglia pubblicare un eBook);

- **Errori del carattere o dello stile** (utilizzare caratteri colorati o font compressi/espansi con dimensioni superiori ai 16 punti);

- **Errori del frontespizio**: solitamente si tratta di informazioni mancanti (titolo, copyright, autore, ...);

- **L'interruzione di pagina:** ho scoperto, mentre scrivevo questo libro, che l'interruzione di pagina è un concetto fondamentale che serve a segnalare la necessità che il testo si interrompa e tutto ciò che viene scritto dopo vada su una nuova pagina. L'interruzione di pagina fa sì che il testo venga "forzato" e si comporti in un determinato modo (lo *stratagemma* più utilizzato per modificare la visualizzazione del testo è l'utilizzo dello *spazio* (backspace) o del tasto *invio*, ma questi possono creare problemi nell'impaginazione del libro e nella sua fruizione);

- **Le dimensioni standard:** per il testo ed i titoli dei paragrafi bisognerebbe utilizzare una dimensione del font prestabilita. Il testo dovrebbe sempre essere compreso fra i 12 ed i 14 punti, mentre i titoli dei paragrafi o dei capitoli possono essere più grandi mantenendosi in un range che va dai due ai quattro punti in più rispetto a quelli del carattere;

- **L'allineamento** va sempre preferito a sinistra. **DA EVITARE IL GIUSTIFICATO** che su schermi piccoli può creare lunghi spazi vuoti fra le parole;

- **Un eBook va pensato:** deve essere semplice e rispettare delle linee guida specifiche. Meglio evitare una formattazione "complessa" ed un layout ricercato, perché questi andranno a rovinare la fruibilità del libro.

Secondo gli esperti di impaginazione *non è possibile pensare ad un ebook come alla versione cartacea riproposta in digitale*, bisogna invece rispettare alcune semplici regole:

- **Testo:** deve essere per lo più nello stile normale (Stile paragrafo: corpo);

- Alla fine di ogni paragrafo va un capoverso;

- Si può inserire un rientro all'inizio della prima riga;

- Si può inserire il corsivo, il grassetto ed un solo stile per i titoli dei capitoli;

- Meglio scegliere come font il Times New Roman, il Garamond o l'Arial;

- Le dimensioni dei caratteri dovrebbero essere di 11/12 punti, in ogni caso mai più di 14;

- Non bisogna dividere il testo in colonne e non bisogna inserire il testo in tabelle o caselle di testo;

- Bisogna prestare molta attenzione al piè di pagina che in un eBook potrebbe causare degli errori;

- Un eBook andrebbe caricato sempre in formato .doc o .docx.

La chiusura dei singoli capitoli: alcuni esperti di impaginazione consigliano di indicare la fine del capitolo con un segno grafico come la tilde (~).

Non bisogna dimenticare inoltre, in fase di impaginazione, di **creare la pagina del titolo** e le **pagine** "Sommario" e "Indice" (per farlo, chiaramente, devi aver seguito i miei consigli ed avere già chiari quelli che sono gli argomenti che tratterai nel tuo libro).

La copertina: è un file che va caricato a parte, quindi non va inserita all'interno del libro (il lettore/acquirente potrebbe trovarsi una doppia copertina se caricherai il Pdf con il contenuto del libro completo di copertina, e questo è indice di poca professionalità).

Il libro deve incominciare con il titolo scritto con un carattere più grande rispetto alla dimensione utilizzata per il corpo del testo.

Per i **libri di narrativa** si inserisce il nome dell'autore con un carattere un pò più piccolo sopra al titolo del libro, mentre per le guide, i saggi ed i manuali si può inserire il nome dell'autore sotto al titolo affiancato da frasi come:

- A cura di ...

- Raccolte da ...

Nella seconda pagina vanno dunque inserite con un carattere più piccolo tutte le informazioni tecniche sul libro:

- Titolo;

- Nome del proprietario del Copyright;

- Anno di Pubblicazione;

- Codice ISBN;

- Eventuale Casa Editrice;

- Nome dei collaboratori (Grafici, illustratori, traduttori, revisori di bozze, ...);

- Eventuali frasi standard (alcune piattaforme di Self Publishing ed alcuni distributori richiedono l'inserimento della dicitura *pubblicato attraverso* ...).

Possiamo quindi inserire in questa pagina anche i riferimenti personali:

- Riferimenti al proprio Sito Internet;

- Indirizzo Email;

- Contatti.

Queste informazioni possono comunque essere inserite anche alla fine del libro o nella sezione dedicata alla biografia.

A seguire dobbiamo impostare l'**Indice dei contenuti** o "Table of Content" (TOC): fortunatamente i programmi di videoscrittura ci aiutano parecchio in questo e, utilizzando un layout corretto l'indice verrà creato automaticamente partendo dai capitoli dei vari capitoli del libro (così avviene su Pages per Mac).

Spesso in realtà, l'indice dei contenuti, per le edizioni cartacee, viene posizionato alla fine del libro e non all'inizio, mentre, per gli eBook, nonostante venga considerato meno elegante, l'indice viene posizionato all'inizio per offrire al lettore un pratico strumento di navigazione.

Non dimenticare che chi scarica un estratto del libro, grazie all'indice posizionato nella prima parte del libro, può avere una panoramica completa sui contenuti e gli argomenti trattati, risorsa molto valida soprattutto nel caso di saggi e manuali.

Nei prossimi capitoli approfondirò l'argomento **eBook**, ma per adesso voglio ricordarti che gli eBook non hanno una numerazione di pagina (il formato e la dimensione delle pagine infatti varia in base al dispositivo dal quale verrà letto il nostro ebook) e, per questo motivo, un eBook impaginato correttamente non dovrebbe contenere nell'indice i numeri delle pagine, ma i collegamenti ipertestuali ai vari capitoli (come detto questo rende più semplice la navigazione e la possibilità di "sfogliare virtualmente" il libro).

Ricordati, se vuoi, di inserire i ringraziamenti.

Prima di pubblicare il libro...

Controlla che il testo sia privo di errori ma non lasciarti fermare dalla *ricerca della perfezione* prima della pubblicazione, in caso fai come me ed invia una revisione successivamente.

Controlla che tutte le informazioni necessarie per CreateSpace siano inserite correttamente e che sul libro sia presente l'**Indice dei Contenuti** (la prima pagina inoltre deve essere bianca).

Controlla la copertina del tuo libro: guarda le altre copertine e gli altri libri dello stesso argomento pubblicati su Amazon e prova a chiedere il parere a qualche amico per avere una copertina che cattura l'attenzione, bella, originale e che si distingue dalle altre su Amazon.

Controlla il titolo del libro: è accattivante? Contiene le giuste parole chiave? Hai scelto fra la lista di titoli il migliore? Prova a chiedere il parere di qualche amico, collega o conoscente.

Nel caso in cui tu voglia pubblicare solamente una edizione digitale del libro (**eBook**) verifica che l'indice funzioni correttamente e che permetta agli utenti di andare direttamente alla sezione o al capitolo senza errori.

Infine le più importanti piattaforme di Self Publishing consigliano di mantenere le aspettative sulle vendite dell'eBook o del libro cartaceo modeste, per non avere grandi delusioni, ma sono sicuro che non sarà il tuo caso se farai un buon lavoro!

Capitolo 4

Come pubblicare un libro su Amazon

Quel che si scrive con fatica, si legge con facilità. (V. Nabokov)

Subito dopo la pubblicazione del mio primo libro, molte persone mi hanno contattato per chiedermi **come si fa a pubblicare un libro su Amazon**, quali sono i costi del Self Publishing e quale piattaforma o software bisogna utilizzare per scrivere un libro, in questo capitolo cercherò di fornire tutte le istruzioni (e qualche raccomandazione) per la scrittura e la pubblicazione.

Nota: alcune delle informazioni presenti in questo capitolo possono anche essere trovate online, ed io stesso mi sono documentato su internet leggendo vari testi prima di scrivere questo capitolo per rendere questo libro una risorsa completa ed utile a chi cercava un "manuale per il Self Publishing".

Quanto costa pubblicare un libro su Amazon?

Pubblicare un libro su Amazon Italia è completamente gratuito (a meno che tu non decida di affidarti ai servizi di

Amazon per l'impaginazione o la creazione della copertina del tuo libro).

Sarai tu a dover inviare il materiale ad Amazon, inserire le informazioni ed il prezzo che hai scelto per il tuo libro, caricare la copertina ed impaginarlo: puoi anche scegliere di affidarti a dei collaboratori esterni o di usufruire dei servizi interni al CreateSpace di Amazon, ma in quel caso non so dirti quali saranno i costi (so che per una impaginazione di un libro di circa 40.000 parole i costi di impaginazione possono superare i 400,00 €).

Dopo aver inserito tutte le informazioni su Createspace ed aver caricato il Pdf del tuo libro e la copertina, dovrai attendere l'**approvazione**, che solitamente avviene in **24/48 ore**.

Una volta che il tuo libro sarà approvato potrai pubblicarlo su Amazon e questo sarà disponibile in **2/3 giorni** (nel mio caso, dall'invio del Pdf del libro alla pubblicazione sono passati in totale 5 giorni, ho inviato il libro l'1 gennaio 2017 ed era disponibile per la vendita su ***amazon.it*** il 5 Gennaio 2017 alle 20.00 circa).

Non tutti sanno che...

Amazon ha realizzato una **Guida** in cui spiega esattamente quali sono i passaggi da compiere per pubblicare il proprio libro in Self Publishing, e questa guida si compone di tre semplici passaggi:

- Prepara il tuo libro (puoi utilizzare Microsoft Word o altri programmi di videoscrittura e poi salvare il libro in versione Word (DOC/DOCX), HTML, Mobi, ePub o Pdf;

- Pubblica il tuo libro registrandoti su **KDP** (nel caso tu voglia rilasciare il libro in versione Kindle) e su **CreateSpace** (nel caso tu voglia pubblicare il libro in versione cartacea) inserendo le informazioni richieste (Titolo, Autore del libro, Categorie, Descrizione, ...), Verifica i diritti ed i territori, quindi utilizza il **Cover Creator** per creare la tua copertina. Puoi anche scegliere di caricare la copertina che hai fatto realizzare o che hai realizzato attenendoti alle linee guida fornite da Amazon, quindi imposta il prezzo ed invia il testo per la revisione e la pubblicazione;

- Promuovi il libro per vendere!

Questa chiaramente è una guida semplificata, nella prossima sezione del libro andremo invece a conoscere in maniera più approfondita **CreateSpace**, la piattaforma di Amazon che ti permette di pubblicare i tuoi libri e venderli in Self Publishing.

CreateSpace: La Piattaforma per l'Independent Publishing

CreateSpace è un azienda partner di Amazon ed è la piattaforma di **Self Publishing** che permette a chiunque di pubblicare e mettere in vendita su Amazon un libro in formato cartaceo o digitale (per il digitale poi si andrà su KDP).

Il punto di forza di CreateSpace è la sua capacità di utilizzare un sistema di vendita noto come ***Print on Demand***, vale a dire stampa su richiesta: ecco perché, per pubblicare un libro su Amazon, non bisogna affrontare costi di stampa!

CreateSpace inoltre permette a chiunque di rendere disponibile il proprio libro in tutto il mondo e di acquistare delle copie (che possono essere acquistate anche per la rivendita, basti pensare ad una persona che tiene eventi di formazione che sfrutta per vendere il suo libro in versione cartacea) ad un prezzo molto vantaggioso.

Per utilizzare CreateSpace bisogna come prima cosa **Creare un Account**, la procedura di iscrizione è molto semplice ma il sito attualmente è disponibile solamente in versione inglese.

Qui di seguito trovi una guida passo - passo che ti aiuterà ad effettuare la registrazione/iscrizione.

- Apri il sito di CreateSpace: https://www.createspace.com

- Clicca su **Sign Up** o su **Start a title for free**

- Si aprirà la pagina: https://www.createspace.com/ Signup.jsp

A questo punto possiamo creare il nostro nuovo account CreateSpace effettuando una breve registrazione ed inserendo:

- Un indirizzo email;

- Una Password (e chiaramente la conferma password);

- Nome e Cognome;

- Paese;

- Tipologia di media che vorresti pubblicare (nel nostro
caso si tratta di un libro).

Già su questa pagina, CreateSpace ci avvisa che siamo *ad
un passo dal pubblicare il nostro lavoro (libro) in maniera
indipendente*.

*Con la nostra **Membership Gratuita su CreateSpace**
avremo a disposizione*:

- Accesso a tutti gli strumenti gratuiti di CreateSpace che ti
permetteranno di pubblicare il tuo libro in maniera
semplice e veloce;

- Accesso agli strumenti di correzione digitale automatici
per i contenuti e la copertina del tuo libro;

- Accesso alla distribuzione in Europa e U.S. del tuo libro;

- Strumenti semplici per creare anche un eBook Kindle
senza nessun costo aggiuntivo;

- Le royalties più alte dell'industria;

- Un supporto 24/7.

Niente male per una registrazione gratuita, non trovi? 😀

Proseguiamo nella registrazione ed inseriamo quindi la tipologia di media che vogliamo pubblicare (**Book**): comparirà un nuovo box che ci chiederà se vogliamo richiedere una consulenza gratuita sui servizi professionali di pubblicazione, si tratta di un servizio a pagamento di CreateSpace che personalmente non ho utilizzato.

Finito questo passaggio dovremo **accettare termini e condizioni** di CreateSpace per andare avanti (i termini e condizioni possono essere consultati in qualsiasi momento, nella versione aggiornata, cliccando su https://eu.createspace.com/pub/signup/print.memberagreement.do):

- Clicca su "I agree to all terms and conditions of this membership Agreement and agree to comply with them at all times";

- Clicca su continue.

Adesso ti comparirà una pagina che ti chiederà di **confermare il tuo indirizzo email cliccando sul link di verifica** ricevuto nell'email o inserendo il codice di conferma nello spazio apposito: apri la tua casella email e procedi con la conferma di registrazione.

Confermato l'indirizzo email si riceve il **Benvenuto in CreateSpace** e si può cominciare ad impostare il libro cliccando su **Set Up Your Book Now**, oppure richiedere una consulenza.

Come anticipato nelle righe qui sopra, io ho cliccato subito su *Set up your book now* e mi sono ritrovato di fronte una pagina molto semplice da utilizzare che chiede:

- Il nome del progetto;

- La tipologia di progetto;

- Il processo da seguire.

Nel caso della pubblicazione di un libro dovrai inserire:

- Nome del libro

- Paperback

- Guided (al punto 3, *Choose a setup process*)

Quindi clicchiamo su **Get Started** per procedere con la compilazione delle informazioni, ed inseriamo a questo punto:

- Il titolo del libro;

- Un sottotitolo;

- Le informazioni sull'autore;

- Eventuali contributori del libro;

- Se il libro fa parte di una serie il numero del volume e la serie;

- Il numero dell'edizione;

- La lingua;

- La data di pubblicazione.

Alcune voci hanno un **asterisco rosso** *, si tratta chiaramente dei campi obbligatori (le altre voci puoi anche lasciarle vuote o compilarle in un secondo momento).

Si arriva quindi ad una nuova schermata in cui viene spiegato che *per pubblicare un libro è necessario che venga assegnato al libro un **ISBN** (acronimo di **International Standard Book Number**, si tratta di un numero che identifica in maniera univoca e duratura a livello internazionale un titolo o una edizione di un titolo di un determinato editore).*

In questa sezione potrai scegliere se fornire il tuo **ISBN personale** o se fartene assegnare uno in maniera automatica e gratuita da CreateSpace: io non avendo un ISBN ho cliccato su ***Free CreateSpace-Assigned ISBN*** e penso che sia la scelta che farai anche tu se come me stai pubblicando per la prima volta in Self Publish (*in verità questo è il secondo libro per me!*).

Una volta cliccata la richiesta per ottenere un ISBN gratuito ti comparirà un avviso in cui viene specificato che:

> *Scegliendo questo ISBN potrai utilizzare l'ISBN solo con CreateSpace Independent Publishing Platform, il tuo ISBN sarà registrato su BooksInPrint.com®.*

Clicchiamo su "Continua" e procediamo nella procedura guidata di creazione e messa online del nostro libro.

Nota: a proposito di ISBN puoi anche decidere di iscriverti come **editore** (in Italia, l'agenzia che si occupa di assegnare i codici ISBN è l'**AIE**, Associazione Italiana Editori, e la registrazione costa **190,00 €** circa - la registrazione da diritto a ben **10 codici ISBN** ed i successivi codici possono essere comprati in pacchetti - non è necessario avere una Partita Iva per iscriversi e solitamente in **15 giorni** circa si ricevono tutte le informazioni sullo stato dell'iscrizione e sul completamento della pratica).

In questa fase sarà possibile scegliere su CreateSpace:

- Il formato del libro (fra le misure più utilizzate e gli standard di pubblicazione dei libri): CreateSpace fornisce anche uno strumento di comparazione delle dimensioni;

- Il colore della carta da utilizzare per il nostro libro (carta bianca o crema);

- Se si vuole pubblicare un libro in bianco e nero o a colori.

Verrà dunque chiesto di caricare il libro in uno dei formati supportati da CreateSpace:

- .Pdf

- .Doc

- .Docx

- .Rtf

Una volta caricato il libro, questo verrà automaticamente analizzato e verificato per la stampa. CreateSpace ti permetterà di vedere se ci sono errori o parti che non sono state ottimizzate per la stampa grazie ad uno strumento integrato in CreateSpace, **Interior Reviewer Tool**, che ti permette di sfogliare virtualmente la versione cartacea del tuo libro.

Se non vuoi occuparti della formattazione del tuo libro potrai delegare a CreateSpace il lavoro di design e formattazione: il servizio ha un costo variabile che parte da **199,00 \$,** per maggiori informazioni è possibile consultare la sezione help di CreateSpace, interamente in inglese (https:// www.createspace.com/Help), anche se il mio consiglio è quello di pubblicare autonomamente il libro (cercando di fare un buon lavoro o comunque una impaginazione quantomeno accettabile per evitare commenti negativi)!

Impostare i pagamenti su CreateSpace

Una volta ultimata la scrittura del libro, e dopo averlo caricato su CreateSpace, possiamo impostare le informazioni di pagamento per ricevere i guadagni derivanti dalle vendite.

Effettuiamo l'accesso su CreateSpace e clicchiamo in alto su **My Account** quindi su **Royalty Payment Information:** da qui potremo compilare tutte le informazioni fiscali richieste da Amazon e ricevere i pagamenti.

Qui di seguito trovi l'elenco dei campi da compilare per completare il profilo di pagamento del tuo account:

- Paese di residenza;

- Nome del destinatario del pagamento (è possibile inserire anche il nome di una società);

- Indirizzo;

- Città;

- CAP (Codice di Avviamento Postale);

- Tipologia di pagamento: è possibile scegliere fra

  - Bonifico Bancario (Direct Deposit);

  - Assegno (Check).

Per ricevere il pagamento sotto forma di assegno o di bonifico bancario bisognerà raggiungere, come anticipato nella sezione dedicata ai pagamenti, 100 € in royalties (che possono anche essere raggiunti cumulandoli con le royalties in dollari e sterline).

Dopo aver selezionato il metodo di pagamento, se sceglieremo "Bonifico Bancario" verranno richieste le coordinate bancarie:

- IBAN;

- Swift/Bic;

- Intestatario del Conto;

- Nome della Banca;

- Indirizzo della Banca o della filiale di appoggio.

A questo punto si arriva alla parte che alcuni ritengono più "complicata": si tratta infatti della sezione dedicata alle **informazioni fiscali**.

Cliccando su **Submit Tax Information** (bottone arancione) bisognerà compilare il documento e dichiarare di non essere un cittadino americano (nella sezione risorse del libro trovi il link con la guida ufficiale di CreateSpace

alla compilazione di questo modulo ed una guida in italiano
che ti spiega come compilare questo documento).

Qui di seguito trovi comunque le informazioni principali
per la compilazione del modulo (che è abbastanza semplice
a mio avviso).

Attenzione - LUX VAT Registration Number: è una
sezione dedicata alle persone che hanno residenza fiscale in
Lussemburgo e non deve essere compilata se pubblichi
dall'Italia.

Guida alla Compilazione del Modulo W-8

Il Modulo (o modello) W8 o W-8BEN è un documento che
viene richiesto per lavorare con gli USA: si tratta di una
autocertificazione della residenza fiscale.

> *Il Modulo W8 è una dichiarazione che
> attesta che non sei domiciliato o
> residente negli Stati Uniti e che sei
> domiciliato fuori dagli Stati Uniti, di
> conseguenza non sei tenuto a pagare
> le tasse e non sei soggetto alle ritenute
> alla fonte.*

La prima cosa da tenere presente durante la compilazione
di questo modulo è infatti la **distinzione** fra **U.S. Person**
(cittadini statunitensi) ed **il resto del mondo**
(identificate come **NON U.S. Person**).

Nella seconda parte del modulo si fa invece una differenziazione fra **Privati** (Individual) e **Imprese o Enti** (Corporate).

Oltre a queste due principali distinzioni, nel modulo W-8 viene chiesto se si è un **intermediario** (*Are you an agent attinge as an intermediary?*), ed a questa domanda dobbiamo rispondere in maniera negativa (**NO**), se stiamo pubblicando il libro in maniera autonoma (ovvero in Self Publishing).

A questo punto possiamo inserire le informazioni relative alle **NON U.S. Person Individual**, qui di seguito le istruzioni per la compilazione (ti consiglio comunque di verificare che nel tuo caso sia tutto corretto):

- **Type of Beneficial Owner:** Individual;

- **Country of Citizenship:** Italy (Inserisci la tua Nazionalità);

- **Full Name:** Inserisci Nome e Cognome;

- **Permanent Address:** Inserisci il tuo indirizzo di residenza;

- **Mailing Address:** Inserisci il tuo domicilio (se differente dalla residenza);

- **TAX Identification Number (TIN):** Inserisci il tuo Codice Fiscale;

- **Consent to Electronic Signature for FORM W-8:** Dai il consenso alla firma digitale per il modulo che hai appena compilato (questo consenso non è obbligatorio ma velocizza l'inoltro del modulo che dovrebbe altrimenti essere stampato, firmato e spedito per posta in USA, io ho dato il consenso per velocizzare parecchio il processo).

Fatto questo abbiamo **completato gli aspetti burocratici** e possiamo procedere con la pubblicazione del libro.

Questa sezione del libro forse risulterà noiosa e pesante, ma è pensata come "Guida passo passo" da fare al computer per non sbagliare le procedure e l'iscrizione su CreateSpace (in particolare per chi non conosce bene l'inglese o ha qualche difficoltà).

Sono sicuro che in 30/60 minuti riuscirai a configurare il tuo account su CreateSpace anche se non sei molto pratico con internet e la tecnologia!

Capitolo 5
Amazon KDP e gli eBook su Amazon

Si scrive soltanto una metà del libro. Dell'altra metà si deve occupare il lettore. (J. Conrad)

KDP (acronimo di **Kindle Direct Publishing**) è il programma di Amazon tramite il quale un autore può pubblicare il suo eBook su Amazon.

Da qualche tempo è possibile, sempre da KDP, pubblicare anche la versione cartacea del libro, ma, come vedremo più avanti, non è possibile richiedere delle copie come autore.

Se un autore decide di dare l'**esclusiva** del proprio eBook ad Amazon (inserendolo in KDP Select) quel libro non potrà essere pubblicato da nessun'altra parte.

In cambio di questa esclusiva, Amazon, darà la possibilità di leggere il tuo eBook gratuitamente a tutti gli abbonati e tu autore guadagnerai in base al numero di pagine che verranno lette del tuo eBook.

Si tratta di una forma di guadagno della quale forse non avevi mai sentito parlare prima di leggere questo libro, ma che sembra essere estremamente interessante e promettente (questo libro verrà reso disponibile in versione eBook e finalmente sperimenterò questa nuova forma di guadagno)!

In questo modo l'autore, non è più libero di rimuovere il proprio eBook dalla disponibilità o dal commercio?

Da quello che ho letto documentandomi su internet e leggendo alcuni testi su questo argomento, un autore può scegliere di **rimuovere il proprio eBook da KDP Select** pubblicandolo su altre piattaforme o tramite altri *retailer*, l'esempio più classico è lo store e piattaforma **Kobo**: basta infatti pubblicare l'eBook presso un nuovo store ed Amazon lo rimuoverà entro pochi giorni dal programma KDP Select.

ATTENZIONE: Non so se questa pratica può portare nel tempo delle conseguenze o dei problemi con Amazon, bisognerebbe andare ad approfondire termini e condizioni del servizio prima di attuare certe strategie che personalmente non consiglio ;)

Fino ad ora ho parlato principalmente della mia esperienza e della versione cartacea di un libro, anche se, molti argomenti trattati possono essere applicati anche per la versione eBook.

Con il termine eBook, o electronic book (libro elettronico), ci si riferisce ad un file di testo che viene **formattato secondo alcuni criteri standard** e che viene letto su un dispositivo elettronico.

Inizialmente erano gli **eBook Reader** gli unici strumenti tramite i quali era possibile leggere questi Ebook, e quelli che hanno più riscosso successo sono:

- Kindle;

- Nook;

- Kobo.

Oggi è possibile leggere un libro in formato Kindle anche da Smartphone, tablet e Pc (Amazon ha sviluppato una App, Kindle, che permette di leggere gli eBook su qualsiasi dispositivo).

Quali sono i vantaggi di un eBook?

- Nessuno spreco di carta;

- Nessun problema di spazio (si può avere una intera libreria su uno Smartphone o nel proprio eBook Reader);

- È possibile modificare la dimensione dei caratteri e "navigare" all'interno del testo grazie alle funzionalità delle app o la funzione "cerca";

- Si può attivare un dizionario (utilissimo nel caso di testi in lingua straniera) che ci mostra le definizioni ed i significati delle parole o delle frasi;

- È possibile sottolineare, evidenziare, salvare appunti in maniera semplice e veloce.

Tutto questo su un dispositivo che in origine era sviluppato sfruttando dei display **e-Ink** (electronic - Ink, vale a dire *inchiostro digitale*).

Non bisogna sottovalutare il fatto che un eBook può linkare fonti o siti web, e permettere funzionalità social di condivisione di lettura o commenti: per tutti questi motivi, un eBook è uno strumento potentissimo, definito da alcuni *un vero e proprio sistema aperto in grado di crescere, mutarsi ed ampliarsi.*

I formati di scrittura/pubblicazione principali per il mondo degli eBook sono il **mobi (.mobi** o **.azw**), il **Pdf** e l'**ePub** (quest'ultimo dovrebbe essere il formato standard per gli eBook, ma il Kindle di Amazon, che ad oggi è l'e-Reader più diffuso sul mercato, non legge eBook in formato ePub).

Il **Kindle** è un **e-Reader** che legge i formati **.azw** (derivato del .mobi), **.txt, .doc, .pdf**.

DRM - Digital Rights Management

Il primo argomento da approfondire, per quanto riguarda gli eBook, è quello del **Digital Rights Management**, noto come **DRM,** del quale ho parlato anche quando ho risposto alla domanda *"Come mai il tuo libro non è stato pubblicato in versione eBook?"*

Bisogna infatti capire quali sono "i rischi" che si corrono se si decide di pubblicare un libro in versione digitale.

Il rischio principale, infatti, è quello di vedere la propria copia del libro girare in versione *pirata* per il web fra amici, conoscenti e colleghi.

In buona sostanza chi compra un eBook in versione digitale potrebbe decidere di **rimuovere il DRM** ove presente e di *passare* il libro a qualche amico, che poi a sua volta lo potrebbe passare ad un altro amico che…

Stesso problema che si è avuto con il mondo della musica e degli mp3 (*non dirmi che non hai mai scaricato un brano da internet o che non hai mai avuto un cd masterizzato...*).

Cosa è il DRM? Si tratta di un algoritmo che dovrebbe limitare proprio la libera diffusione di un eBook, ma su internet è possibile leggere diversi articoli in cui vengono messe in evidenza quelle che potremmo definire le **lacune dei DRM:**

- Se si scarica un eBook a pagamento da un dispositivo (ad esempio il computer fisso) e poi si parte per un viaggio, non sarà possibile continuare la lettura perché non è possibile utilizzare un eBook su più di un dispositivo;

- Il sistema di protezione del Copyright DRM è facilmente aggirabile (è infatti possibile decriptare eBook in varie versioni, compreso il formato ePub).

È anche vero che in Italia Biblet, Illibraio, Lafeltrinelli e molte altre piattaforme che vendono eBook utilizzano **Adobe Digital Edition**, che permette, ove disponibile, di consultare un eBook su più piattaforme/dispositivi appartenenti ad un unico proprietario.

Il **DRM Adobe** è infatti una tecnologia che dovrebbe prevenire l'utilizzo scorretto e, sopratutto, la distribuzione non autorizzata dei contenuti digitali (ovvero degli eBook): una volta comprato un eBook protetto da Adobe DRM sarà possibile leggerlo ed utilizzarlo su tutti i dispositivi dei quali siamo proprietari, ma...

Non tutti gli eBook reader permettono di consultare eBook protetti con **Adobe DRM** (ed il **Kindle** non legge questa tipologia di DRM)!

Un interessante punto di vista sui DRM quindi fa notare come in realtà questi *pseudo sistemi di protezione*, facilmente superabili, in realtà possano essere considerati semplicemente <u>uno strumento per rendere **fastidioso** il processo di lettura su più dispositivi</u> da parte dell'acquirente del nostro eBook, che magari effettivamente può voler leggere l'eBook sul suo computer fisso e sul suo Smartphone, o sul suo eBook Reader.

Ecco perché c'è chi dice che il DRM sia semplicemente un modo per far credere all'autore del libro che in questo modo l'eBook non si diffonda in maniera incontrollata.

Sempre per questo motivo c'è chi **consiglia di non inserire nessuna protezione / DRM**, ma chiaramente la scelta finale spetta sempre all'autore del libro.

Ci sono delle alternative...

Esiste a quanto pare il **DRM Social:** si tratta di un sistema che non pone limitazioni sull'utilizzo dell'eBook ma include automaticamente all'interno del libro alcune informazioni sulla persona che ha acquistato l'eBook (e che magari poi l'ha diffuso).

Solitamente queste informazioni sono il nome e l'indirizzo email, e, in questo modo, sarà più semplice risalire a chi ha condiviso l'eBook senza avere l'autorizzazione.

Quando si decide di **scrivere un eBook** bisogna prestare molta attenzione alla **formattazione**.

Negli eBook non esistono pagine fisse ed i numeri di pagina non servono (gli eBook mostrano sempre la % di lettura del libro ed il tempo stimato per finire la lettura).

A seconda del dispositivo utilizzato le parole appariranno in punti diversi: fortunatamente, CreateSpace (e KDP) ci aiutano a creare una versione digitale del libro corretta, ma controllare il risultato finale prima di procedere con la pubblicazione è un passaggio indispensabile per mettere sul mercato un prodotto professionale.

Cosa sapere sulle immagini all'interno di un eBook?

Ho scoperto che negli eBook non dovrebbero essere inserite immagini.

In molti sottovalutano il fatto che le immagini che vorremmo inserire all'interno del nostro ebook potrebbero essere visualizzate su diversi dispositivi, alcuni dei quali con dei display molto piccoli e, di conseguenza, la loro visibilità sarebbe praticamente ridotta, andando a rendere l'esperienza dell'utente negativa.

Pensa ad una recensione in cui viene scritto - i contenuti sono molto interessanti, ma le immagini? Non si vede proprio nulla, non ne capisco il senso - non sarebbe piacevole ricevere una testimonianza simile, non trovi?

Una soluzione a mio avviso potrebbe essere quella di realizzare una versione cartacea con immagini ed una digitale senza immagini, oppure inserire nella sezione risorse del libro un link dove poter vedere le immagini ad alta risoluzione.

A proposito delle immagini, un altro aspetto molto interessante è quello relativo alle **Spese di spedizione di un eBook**!

Ho scoperto che Amazon considera delle *spese di spedizione* anche sugli eBook: pur essendo prodotti digitali che vengono scaricati (a differenza di un libro in edizione cartacea che effettivamente va spedito al destinatario), le **royalties**, ovvero le percentuali di guadagno sulla vendita del nostro eBook variano in base al **peso** del nostro eBook.

Se un eBook ha un **peso** (in termini di Kilobyte) elevato i *costi di spedizione* per Amazon aumentano e, di conseguenza, le royalties che percepiremo saranno minori!

Come pubblicare su KDP?

Per pubblicare un eBook su Kindle Direct Publishing **non è richiesta Partita IVA** e non viene richiesto un **Codice ISBN**.

Attenzione: Se hai già pubblicato il tuo libro su CreateSpace e vuoi inserirlo anche su KDP devi creare su KDP la versione cartacea del tuo libro, qui di seguito la procedura ufficiale:

- Configura un nuovo titolo nella tua libreria KDP;

- Nella pagina "Dettagli versione cartacea" immetti gli stessi metadati utilizzati per il tuo libro CreateSpace;

- Seleziona **Sì** quando ti viene richiesto se il libro è stato pubblicato precedentemente su CreateSpace;

- Fai click su **salva e continua** per passare alla pagina **Contenuto versione cartacea;**

- Sotto l'intestazione ISBN inserisci **lo stesso codice ISBN** di 13 cifre che hai utilizzato per pubblicare il tuo libro su CreateSpace (se hai un codice ISBN di 10 cifre puoi utilizzare il convertitore ISBN per trovare l'equivalente di 13 cifre);

- Fai clic su continua per accedere al tuo account CreateSpace e convalidare la proprietà del titolo;

- A questo punto verrai reindirizzato su KDP con i dettagli ed i file del tuo libro aggiornati in maniera automatica: verifica che i file e le informazioni siano stati trasferiti correttamente, quindi usa lo strumento di anteprima per rivedere il tuo libro;

- Scorri in fondo alla pagina "Contenuto versione cartacea" e fai clic su salva e continua, quindi nella scheda **diritti e prezzo della versione cartacea** inserisci lo stesso prezzo che hai utilizzato su CreateSpace;

- Invia il libro per la pubblicazione.

Pubblicare un libro su KDP è gratuito: basta caricare il proprio libro secondo le linee guida indicate da Amazon e vedere in poche ore il libro disponibile negli Store di Amazon dei seguenti paesi:

Stati Uniti, Germania, Canada, Brasile, Regno Unito, Francia, Italia, Spagna, Giappone.

La piattaforma KDP contiene un ottimo **centro di supporto** con informazioni precise e dettagliate sul mondo del Kindle Direct Publishing e non solo.

Per quanto riguarda la pubblicazione, KDP spiega che:

- Dovrai preparare il corpo del testo con Microsoft Word o un programma simile, i formati consigliati sono Word (DOC/DOCX), HTML, Mobi, ePub;

- Dopo aver caricato il testo la piattaforma convertirà automaticamente il libro per Kindle;

- Accedendo a KDP con il tuo account Amazon o con il tuo indirizzo email potrai inserire le informazioni sul titolo necessarie (titolo del libro, nome dell'autore, categorie, ...), quindi utilizzare lo strumento per la creazione della copertina (oppure potrai caricare una copertina realizzata precedentemente);

- Dovrai quindi verificare i tuoi diritti ed i territori per la pubblicazione, quindi impostare i prezzi nelle varie valute e procedere con la pubblicazione.

Attenzione: Quando carichi il tuo libro su KDP viene consigliato il caricamento di un file Word, ePub o HTML, con i PDF si hanno spesso problemi di impaginazione!

Quando il tuo libro sarà disponibile online, KDP ti mostrerà report dettagliati per aiutarti a tener traccia delle tue vendite e delle royalty maturate.

È importante anche conoscere quelle che sono le differenze fra le funzionalità disponibili su KDP e CreateSpace, qui di seguito trovi un riepilogo sotto forma di immagine, mentre nella sezione Risorse trovi un link all'Help Center di KDP:

Confronto delle funzionalità di KDP e CreateSpace

Funzionalità	KDP	CreateSpace
Distribuzione su Amazon.com (Stati Uniti)	Sì	Sì
Distribuzione in Europa (Amazon.co.uk, Amazon.de, Amazon.fr, Amazon.it e Amazon.es)	Sì	Sì
Distribuzione in Giappone (Amazon.co.jp)	Sì	No
Distribuzione in Canada e Messico (Amazon.ca e Amazon.com.mx)	No	Sì
Ordinazione di copie della bozza cartacea	Non ancora	Sì
Ordinazione di copie per l'autore all'ingrosso	Non ancora	Sì
Distribuzione estesa a librerie e siti Web non Amazon	Non ancora	Sì
Servizi editoriali professionali	Non ancora	Sì

KDP Select: Programma di Autopromozione

Il Programma **KDP Select di Amazon** nasce nel 2011 *per aiutare gli autori in Self Publishing che vogliono promuoversi su Amazon.*

In pratica è possibile dare ad Amazon una **esclusiva di pubblicazione di 90 giorni** ed avere in cambio **cinque giorni di promozione gratuita** del nostro libro.

Grazie a questa mossa, Amazon, riesce ad avere per 90 giorni una esclusiva sul nostro libro (evitando così che gli autori in Self Publishing pubblichino il loro libro su altri store come l'iBook Store di Apple o il Kobo Store) e contemporaneamente ad offrire agli autori dei giorni per la promozione del libro.

Offrendo questi 5 giorni di promozione gratuita, gli autori hanno la possibilità di **emergere** fra i testi pubblicati su Amazon ed ottenere **maggiore visibilità**, recensioni e quindi incrementare le vendite o classificarsi/posizionarsi come "Best Seller".

Capitolo 6
Amazon Author Central

Chiunque abbia nelle mani il controllo della tecnologia, ha nelle mani il mondo. (Lex Luthor, Superman Returns)

Non tutti conoscono (e ammetto che nemmeno io, prima della scrittura di questo libro, ne ero al corrente) la piattaforma di Amazon "Author Central".

Si tratta di una piattaforma costruita da Amazon per gli autori di libri, all'interno della quale è possibile inserire una biografia e informazioni aggiuntive sui testi che si pubblicano.

Sebbene CreateSpace permetta infatti di inserire una descrizione del libro e le informazioni sull'autore, all'interno di **Amazon Author Central** è possibile:

- Aggiornare la pagina autore inserendo foto, media, feed del nostro blog;

- Inserire eventuali eventi o presentazioni;

- Guardare e modificare la lista dei libri pubblicati;

- Aggiungere libri alla bibliografia.

Entrando su Amazon Author Central, ogni autore ha a disposizione quattro aree principali:

- Author Page

- Books

- Sales Info

- Customer Reviews

Vediamole insieme una per una per capire come impostarle correttamente.

Author Page è la sezione in cui andremo ad inserire tutte le informazioni personali: si tratta della nostra presentazione come autori all'interno di Amazon. Qui potremo inserire la biografia, gli articoli recenti che abbiamo pubblicato sul nostro blog, eventi (Webinar, presentazioni del libro o altro, …) una URL, foto e video.

Books: è la sezione dove possiamo vedere tutti i libri che abbiamo pubblicato su Amazon. Se mancano dei libri possiamo aggiungerli in maniera semplice tramite questa sezione dell'Author Central.

Sales Info: Qui vengono mostrate le informazioni sul numero delle vendite effettuate e sul posizionamento per autore all'interno delle classifiche Amazon. Attualmente credo che questa funzione non sia disponibile in Italia (o comunque sia disponibile per chi fa numeri molto più elevati rispetto alle 500 - 1000 copie vendute).

Customer Reviews: è la sezione dedicata alle recensioni dei lettori scritte su tutti i nostri libri pubblicati su Amazon. Da qui possiamo gestire le recensioni in maniera semplice ed eventualmente rispondere o tenerne traccia da una schermata unica.

Perché iscriversi ad Amazon Author Central?

A mio avviso i motivi principali per i quali vale la pena iscriversi su Amazon Author Central sono:

- La possibilità di inserire una biografia (che non dovrebbe essere scritta di getto ma pensata attentamente e riveduta più e più volte prima di essere pubblicata);

- La possibilità di **inserire una descrizione del libro** che aiuti a convincere i potenziali acquirenti a comprare*;

*Su Author Central potrai inserire all'interno della descrizione il codice HTML, e quindi mettere delle parole in evidenza grazie all'utilizzo del *corsivo*, del **grassetto**, del <u>sottolineato</u>, ...

Potrai inoltre utilizzare le liste puntate, le liste numeriche ed i titoli H1, H2, H3 (fino ad H6).

Potrai inserire infine righe orizzontali all'interno della descrizione del tuo libro e renderla così più accattivante e leggibile.

Capitolo 7

La Promozione di un Libro in Self Publish

Le persone non comprano prodotti o servizi, ma relazioni, storie e magie. (Seth Godin)

Bene. A questo punto hai scritto il tuo libro, hai scelto il prezzo, l'hai caricato su CreateSpace o su KDP e sei pronto per... **la parte più difficile** del lavoro di chi pubblica in Self Publishing.

Pensavi che la parte più complessa fosse la scrittura? Ti sbagliavi!

In realtà, la parte più difficile, spesso, è **vendere**.

La prima cosa che si vuole fare quando si pubblica un libro in Self Publishing è comunicarlo a tutti: amici, conoscenti, la nostra cerchia di influenza (oggi estesa grazie a Facebook).

Si vuole far sapere che si è pubblicato un libro e, per farlo, spesso si adotta la strada "più semplice": si pubblica un post sul profilo Facebook (ma non è detto che tutti lo vedano) oppure si contattano gli amici con dei messaggi privati.

<u>Attenzione</u> a non commettere questi errori:

- Mandare messaggi privati a persone che non sono interessate al tema che trattiamo nel nostro libro. Questo ci farà risultare fastidiosi (specialmente quando contattiamo persone che non sentiamo da settimane, mesi o anni);

- Pubblicare post su Facebook che parlano esclusivamente del nostro libro. Daremo l'impressione di essere **insistenti** e/o inopportuni.

La prima cosa da tenere a mente, quando si vuole vendere un libro, è che **non bisogna essere insistenti** e soprattutto **non dobbiamo convincere** (costringere) **nessuno a comprare.**

Se decidi di pubblicare un libro in Self Publishing, a mio avviso è importante che tu conosca quali sono gli **strumenti** che hai a disposizione ed i *trucchi* (se così possiamo chiamarli) o i ***segreti*** che ti possono aiutare nella promozione del tuo progetto.

*Non dirmi che hai scritto il libro solo per il piacere di scrivere e che **non vorresti guadagnare dalle vendite**!*

Hai già pensato di **creare una pagina pubblica come autore**?

Potresti crearla su Facebook (oltre che su CreateSpace / Amazon Author Central), oppure potresti pensare di **creare un sito e sfruttarlo** per la promozione: non esiste a mio avviso una strada giusta ed una sbagliata, chiaramente, presenziare più "fonti" in maniera intelligente, può darti una mano per **vendere di più**.

Ricorda però che la tua pagina pubblica, il tuo profilo Facebook e tutto ciò che scriverai online saranno **il tuo**

biglietto da visita: dovrai dare gran valore ed evitare tutto ciò che potrebbe infastidire e/o creare una immagine sbagliata sul tuo conto agli occhi dei tuoi potenziali lettori.

Personalmente, ho scritto il libro "Da 0 a 30.000 € Con un Blog in 10 mesi" per due motivi:

- **Creare una fonte di reddito passivo,** slegata dal mio tempo, che mi permettesse di avere un'altra entrata. Proprio pochi giorni prima dalla pubblicazione del libro ho cominciato a *pensare in grande* dicendomi: *Se vendessi 10.000 copie in 5 anni, da un solo libro potrei guadagnare circa 150.000 €, non male per un solo libro e **2 mesi di lavoro** (che poi in realtà, come hai letto, ho lavorato 1 ora al giorno al mio libro);*

- **Offrire una guida** a chi voleva capirne di più sul mondo del blogging e su *Come gestire un blog e strutturare la sua crescita* in maniera profittevole.

Certo, l'obiettivo di **10.000 copie** vendute per un libro è molto alto, e non è semplice da raggiungere, ma anche **5.000 copie** è un risultato che mi permetterebbe di guadagnare qualcosa come **75.000 €** e, facendo delle stime al ribasso, se in cinque anni riuscirò a vendere solamente **2000 copie del mio libro** avrò comunque guadagnato quasi **30.000 €!**

Ad ogni modo ho stabilito un **Obiettivo per il 2017,** l'anno di lancio del libro: raggiungere le **1000 copie** vendute.

Per raggiungere le 1000 copie avevo bisogno di vendere **3 copie del libro al giorno**.

Tre copie del libro al giorno non sembrano più una cifra "impossibile" da raggiungere come 1000 o 5000, ma sicuramente anche tre copie di un libro non sono semplici da vendere ogni giorno, tutti i giorni, specialmente se non si hanno delle basi, degli strumenti o delle strategie da mettere in pratica.

All'inizio della pubblicazione il libro ha sempre una spinta iniziale, data da amici e conoscenti che permettono di generare un discreto numero di vendite, ma nel tempo, queste, tendono a calare, secondo un percorso che potrebbe essere riassunto in questi punti:

- Lancio del libro: acquisto degli *early adopters* o dei curiosi non appena appena il libro è disponibile;

- Prime recensioni: se sono positive incentivano le vendite di tutti quelli che *non si fidavano* e che a questo punto vogliono saperne di più;

- Stabilizzazione: il libro raggiunge un livello tale per cui le vendite si stabilizzano su un determinato numero di copie mensili;

- Fase calante: è terminato il "ciclo di vita del libro" e dovremmo lanciare un nuovo libro per cercare di far crescere nuovamente le vendite oppure per creare una nuove fonte di reddito passivo.

Qui di seguito troverai dunque la **mia strategia**, quella che ho adottato personalmente per **promuovere il mio libro**.

È chiaro che non tutti possono replicare questa strategia, ma sono sicuro che troverai una serie di spunti interessanti in questo capitolo, o magari qualcosa che ti farà **accendere una lampadina** e trovare la strada giusta per vendere il tuo libro.

La mia strategia per promuovere il mio libro

Come prima cosa dunque bisogna tenere in considerazione il tema del libro: l'argomento trattato qual è?

Nel mio caso ho scritto il primo libro avvicinandomi al mio settore, il **Web Marketing**, l'**Affiliate Marketing**, il **Blogging** ed il **Guadagno Online**.

Su Facebook ho creato da anni un *profilo lavorativo* (che ad essere sinceri oggi seguo molto più del profilo personale) dove ci sono tantissimi colleghi che mi conoscono, avendo coltivato nel tempo delle amicizie.

Quando il libro è stato pubblicato su Amazon mi trovavo fuori casa, ed ho scritto un **post su Facebook:** il riscontro è stato molto positivo, ho ricevuto complimenti per l'iniziativa, tanti in bocca al lupo, e, soprattutto, tante persone mi hanno mandato dei messaggi privati e scritto dei commenti per dirmi che...

Effettivamente non potevo essere più felice! Una accoglienza così favorevole è stata fantastica, ma sapevo che non dovevo *adagiarmi sugli allori* e che dovevo mettere in piedi una vera e propria...

Strategia di Promozione del Libro

Ho cominciato così a lavorare su più fronti, ovvero:

- Sul mio sito web, dove parlo di "Come lavorare e guadagnare online";

- Sui Social Network;

- Sulle Recensioni e sui Tag di Facebook;

- Sui Comunicati Stampa Online;

- Sugli articoli in blog e siti di settore;

- Sulla **Curiosità**.

Cominciamo proprio dall'ultimo punto, ovvero dalla **curiosità**.

Sai quando qualcuno ti dice *ti devo dire un segreto?*

Non ti mette subito curiosità? Non ti vien voglia di sapere subito di cosa si tratta?

Ecco, tante persone, subito dopo il post in cui ho scritto che il mio libro era online, mi hanno cominciato a chiedere quale fosse il sito (o meglio il blog) che mi aveva permesso di generare più di **30.000 €** in commissioni.

Sai cosa ho fatto io?

Ho tenuto la bocca chiusa! Anzi, la mia risposta è stata:

Pur avendo inserito nella copertina del libro e sull'articolo del mio sito un riferimento chiaro al blog che mi ha permesso di raggiungere questi numeri e questi risultati, moltissime persone non se ne sono accorte, e questo perché gli esseri umani sono **pigri** e non hanno voglia di indagare, leggere, cliccare!

Le persone però, oltre ad essere pigre, sono anche molto **curiose**, ed un titolo come "Da 0 a 30.000 € Con un Blog in 10 Mesi", credimi che mette curiosità (l'ho potuto verificare personalmente!), motivo per cui, durante il 2017, ho visto (casualmente) numerosi titoli, libri, contenuti che iniziavano per *Da 0 a .....*

Proprio per stimolare la curiosità ho scelto un titolo che parlava dei guadagni e del tempo impiegato per generarli: un pò come negli articoli che scrivo quotidianamente online, **il titolo è fondamentale per catturare l'attenzione** dell'utente e spingerlo a compiere quel passo in più (che può essere il clic su un link per leggere un mio articolo o il clic su Amazon che porta la persona a comprare un libro).

Quindi, a mio avviso, la **promozione di un libro** parte proprio dalla **scelta di un buon titolo**, che possa incuriosire il lettore e catturare la sua attenzione...

Se poi riesce a diventare un qualcosa che si diffonde online, il risultato sarà amplificato (pensa ai ritornelli delle canzoni, per intenderci).

Il secondo metodo che ho utilizzato per **catturare l'attenzione** degli utenti su Amazon è stata la scelta della copertina del libro...

Prova a guardare gli altri libri dedicati al mondo del Web Marketing o del Blogging e noterai che la mia è una *copertina non convenzionale.*

Nella copertina poi ho provato ad inserire un <u>messaggio subliminale,</u> anche se non so quanto questo possa aver inciso in termini di vendite: se la guardi più attentamente potrai notare che ho inserito una schermata del sito di cui parlo nel libro con un **Banner in alto** con la scritta **Ordina Ora!**, un sorta di "Call to Action" in copertina (come se invitassi inconsciamente gli utenti ad ordinare il libro).

Andando ad analizzare la copertina del mio primo libro potrai notare alcuni elementi distintivi, ovvero:

- Una foto reale, scattata a casa, che ritrae un computer;

- Una fascia gialla con del testo poco leggibile ma che incuriosisce (l'obiettivo è far cliccare sull'immagine per leggere meglio cosa c'è scritto in copertina);

- Uno smartphone che mostra in piccolo una mia foto, di fianco al computer.

Ogni elemento del libro, come hai visto, dovrebbe aiutarti a **vendere** e promuovere al meglio il libro stesso, ricorda di non trascurare nulla: copertina, titolo, sottotitolo, immagini utilizzate, descrizione, ...!

Promuovere un eBook Rendendolo Gratuito?

Se scegli di pubblicare il tuo libro anche in versione Kindle, puoi promuoverlo dandolo in esclusiva su Amazon e rendendolo disponibile gratuitamente per il download per un massimo di cinque giorni.

Questo è il metodo utilizzato anche per arrivare rapidamente nella **Top di Categoria** fra le vendite su Amazon.

Per impostare la promozione gratuita del tuo eBook devi andare all'interno di **KDP** su **Libreria** quindi su **Promuovi e Pubblicizza.**

A questo punto clicca a sinistra su **Promozione libro gratis** o "**Kindle Countdown deal**": crei una promozione libro gratis scegliendo data di inizio e data di fine, quindi puoi anche decidere di creare più promozioni andando a gestire i giorni in cui il libro sarà reso disponibile gratuitamente, ad esempio:

- Prima promozione dell'eBook: **Gratis solo per 24 ore al lancio;**

- Seconda promozione: al raggiungimento di 100 copie puoi rimetterlo in promozione **gratis per 24 ore;**

- In prossimità del natale puoi creare una promozione **gratis dal 24 al 26 dicembre.**

Semplice ed efficace!

Sfruttare la descrizione per promuovere il libro?!?

La **promozione del tuo libro** dovrebbe cominciare proprio dalla **descrizione** inserita su CreateSpace e su KDP: in base alle informazioni che inserirai, Amazon creerà la pagina di vendita con tutti i dettagli.

Cura al massimo questa pagina di presentazione del libro e cerca di inserire più informazioni (e parole chiave) possibili: controlla anche i refusi e gli errori di digitazione (ti assicuro che, quando il tuo libro sarà ultimato e pronto per la pubblicazione, non vedrai l'ora di caricarlo su Amazon, e a volte durante questi passaggi si possono commettere dei piccoli errori di digitazione, meglio perdere un attimo in più).

Io ad esempio mi sono reso conto dopo mesi di aver commesso più di un errore quando ho inserito il titolo e la descrizione del mio libro:

- All'interno del titolo ho inserito su Amazon il simbolo "€", ed Amazon… **non mostra il simbolo**, con la conseguenza che il titolo del mio libro su Amazon è *Da 0 a 30.000 in 10 mesi con un blog… 30.000 Cosa?!?* Certo, dalla copertina si vede bene che si parla di soldi (Da 0 a 30.000 €), ma già nel titolo, come vedi, avevo sbagliato qualcosa (bastava scrivere "Euro", e magari sarei stato visualizzato anche su alcune ricerche di utenti che cercavano nel titolo la parola euro)

- Il titolo stesso del libro poteva essere "Come Guadagnare Con un Blog: Da 0 a 30.000 € in 10 Mesi, Un Caso Studio Reale" ed in questo modo conteneva anche la parola chiave "guadagnare con un blog" nel titolo, ecco perché ti consiglio di valutare ogni aspetto, prima di pubblicare il tuo libro!

- Altro errore che ho commesso è stato quello di **non rendere disponibile l'indice dei capitoli** o un **abstract** con l'anteprima di alcune pagine: molte persone preferiscono leggere qualche pagina prima di comprare il libro, o quantomeno conoscere il contenuto dei singoli capitoli (alcune persone me lo hanno chiesto in privato), ricorda quindi di pubblicare almeno un indice su Amazon o di "regalare le prime pagine"!

- **La descrizione** è stato un altro aspetto che in parte ho sottovalutato. Ho scritto una descrizione breve, ma Amazon permette di pubblicare descrizioni di massimo 4000 parole, perché non sfruttarle tutte?

Utilizzando le 4000 parole per la descrizione non solo darai alle persone maggiori informazioni sul tuo libro, ma inserirai anche parole chiave e contenuti che aiuteranno Amazon a mostrare il tuo libro quando vengono effettuate delle ricerche specifiche.

Potresti cominciare spiegando in breve **perché le persone dovrebbero comprare il tuo libro** e, per mostrarti un esempio provo a scrivere quella che sarà la descrizione di questo libro:

Guida al Self Publishing è il primo libro che ti spiega passo passo come scrivere e pubblicare in maniera efficace su Amazon.

*Scopri quali sono i consigli e le best practices che possono aiutarti ad **incrementare le tue vendite** ed a creare un libro che la gente vorrà comprare.*

All'interno del libro, fra gli argomenti trattati, scoprirai:

- *Come fare a pubblicare il tuo libro su Amazon (tutta la procedura di iscrizione e pubblicazione);*

- *Come fare per ricevere recensioni su Amazon di acquirenti verificati;*

- *Come decidere se rilasciare solamente la versione cartacea del libro o creare anche una versione digitale;*

- *Come capire prima ancora di pubblicare un libro se l'argomento scelto può vendere oppure no.*

Potrai risparmiare tempo evitando gli errori comuni di chi pubblica per la prima volta un libro.

*Condividerò con te gli errori che io stesso ho commesso: potrai **partire alla grande** con il tuo libro in Self Publishing e scoprire rapidamente quali sono state **le strategie che mi hanno permesso di vendere più di 600 copie** di un libro per una determinata nicchia in meno di sei mesi.*

Come Pubblicare un Libro o eBook su Amazon in Self Publishing *è il primo libro che si basa sulla mia esperienza, del perché ho deciso di scrivere e pubblicare* *un libro e come sono riuscito a generare **più di 7.000,00 €** (settemila euro) in meno di cinque mesi.*

*Ecco perché il prezzo di questo libro è più alto dei numerosi **Kindle** che trovi sullo stesso argomento: le informazioni che troverai ti permetteranno effettivamente di avere una panoramica completa sul mondo del Self Publishing.*

Qui di seguito l'elenco degli argomenti trattati:

- *Scrivi qua i titoli dei capitoli*

  - *Inserisci anche i vari paragrafi utilizzando un rientro*

  - *Non elenco qui tutti i capitoli del libro ed i paragrafi per non sprecare carta ed inserire pagine inutili*

- *L'importante è che questo breve elenco ti faccia capire come strutturare capitoli e paragrafi*

Quali sono dunque i consigli per una buona descrizione?

La prima cosa da fare è **identificare quali sono i benefici** che può avere il lettore dal tuo libro.

Anche un romanzo, se ben scritto, può dare dei benefici e provocare delle sensazioni o delle emozioni al lettore, trasportandolo in un mondo nuovo, di pace e serenità o di tensione e curiosità (un manuale invece potrebbe fornire *le competenze necessarie per...*).

Fatto questo puoi provare a spiegare quale problema sta cercando di risolvere il tuo libro ed in che modo, magari portando degli **esempi reali** o dei **casi studio** (non devono per forza essere tuoi, puoi cercare anche altri studi e ricerche che dimostrano quanto affermi).

*Io ad esempio per il mio primo libro sono partito proprio da un caso studio reale per scrivere il libro e trattare l'argomento **creazione, gestione e monetizzazione di un blog**.*

Un altro suggerimento interessante è quello di provare ad utilizzare lo **Storytelling**, raccontare una storia nella quale il tuo lettore può immedesimarsi.

Qui di seguito trovi un esempio che ti mostra come puoi usare lo storytelling per raccontare il tuo libro:

Quando ho aperto il mio primo blog non ne capivo completamente nulla: codici, CMS, parole strane e le visite che non arrivavano (ad esclusione di qualche amico).

*Tutti mi parlavano di come fosse possibile guadagnare online con un blog ed anche io volevo provare a crearmi una **entrata extra**.*

Ho passato ore interminabili per cercare di capire come funzionava tutto, ed ho anche comprato servizi, manuali e corsi che promettevano "di realizzare il sito in pochi clic" o di "guadagnare in pochi giorni".

*Sì, ho aperto il mio blog ci sono riuscito ed ho cominciato a scrivere qualche articolo, ma proprio non riuscivo a guadagnare... Dopo aver fatto qualche ricerca su internet ho trovato che uno dei sistemi più utilizzati è **Google AdSense...***

Mi sono iscritto fiducioso ma anche qui, dopo pochi giorni è cominciato un nuovo **INFERNO**: inserisci il codice HTML sul tuo sito, verifica l'account, inserisci l'IBAN e lo Swift code per i pagamenti.... Ma come diavolo si fanno queste cose?

Io non ne capivo molto di internet, pensavo che bastasse scrivere per guadagnare online, e invece?

Ho chiesto aiuto ad un amico che di computer ed internet se ne intende e mi ha dato una mano, ma il problema era che il mio sito **non riceveva visite** e soprattutto, dopo tre mesi di lavoro, **avevo guadagnato solamente 10,00 €, assurdo** (e frustrante)!

Ho quindi pensato: internet non fa per me? Ho sbagliato tutto? O forse c'è qualcosa che non so e che non mi permette di guadagnare?

Questa è l'email che ho ricevuto quando ho deciso di scrivere il mio libro "Da 0 a 30.000 € Con un Blog in 10 Mesi".

È un libro per tutte le persone interessate al blogging ed a come guadagnare con un blog, che spiega quale strategia adottare per **creare e gestire blog** in maniera efficace, ottenendo risultati e senza troppo stress!

Se vuoi saperne di più puoi trovare il libro su Amazon cliccando qui .... Ricordati di leggere anche le recensioni di chi ha già comprato il libro, vedrai che sono molte le persone che sono rimaste soddisfatte!

Non pensi che questa "storia" sia molto più efficace per creare un legame con il lettore che si può immedesimare in una situazione reale?

Questa è una storia che ho scritto in pochi minuti, ma, lavorandoci sopra, i risultati che si possono ottenere con lo storytelling sono davvero incredibili!

Inserire nella descrizione del tuo libro le parole chiave, che hai appuntato quando hai cominciato a fare delle ricerche sui titoli e gli argomenti da trattare nel tuo libro, può aiutarti probabilmente ad essere più visibile su Amazon, e quindi a vendere di più!

Promozione di un libro tramite Sito Web

Cominciamo ad addentrarci nel mondo della promozione di un libro in Self Publishing partendo da un **sito web**.

Dal 2008 gestisco e curo i contenuti di Monetizzando.com®, uno dei punti di riferimento in Italia per chi vuole guadagnare e lavorare online: **inserire un banner ed un box con il libro su Amazon** all'interno del sito mi ha sicuramente aiutato a generare più vendite del libro.

Insieme ai banner ed i box ho anche creato alcuni articoli ad hoc dove parlare del libro, cercando di intercettare tre target di persone:

- Persone che vogliono fare un regalo ad un appassionato/a di blog e computer (*Quale libro regalare ad una persona appassionata di Informatica e Blog?*);

- Persone che cercano libri e manuali sul blogging (titolo dell'articolo *Libri e Manuali sul Blogging: Come imparare a gestire un blog*);

- Persone che cercano su Google il titolo del libro (*Guadagnare con un blog: da 0 a 30.000 € in 10 mesi di Valerio Novelli*) .

Pensare quindi a creare una serie di articoli che possono andare ad intercettare potenziali acquirenti è importante per promuovere il tuo libro.

<u>Attenzione:</u> questa è una strategia che chiaramente non tutti possono mettere in atto, ma se sei già affermato nel tuo settore, puoi promuovere i tuoi prodotti tramite il tuo sito personale ed in questo modo potrai sfruttare la **visibilità** del tuo sito per incrementare le vendite del libro.

Monetizzando.com® viene visitato ogni anno da 350.000 persone circa, sicuramente, fra queste visite, qualcuno che comprerà il libro ci sarà!

Promozione di un libro tramite Banner

Ho già accennato ai banner che ho inserito sul mio sito web. Se tu non hai un sito web o un blog potresti però contattare blog interessanti ma non troppo famosi che

possono essere affini al contenuto del tuo libro e chiedere
loro:

- Di promuovere il tuo libro utilizzando l'affiliazione
  Amazon;

- Quanto costa pubblicare un banner all'interno del loro
  sito (in questo caso pagherai tu per inserire il banner del
  tuo libro).

Puoi scegliere quindi se proporre la pubblicazione del tuo
libro in cambio di una commissione sulla vendita o se
pagare un prezzo fisso per l'esposizione del banner.

Non ho testato questo genere di promozione, avendo a
disposizione un sito di proprietà dedicato all'argomento del
libro che ho pubblicato, ma online esistono moltissimi
modi per promuoversi, sta a te scegliere quali sperimentare
e quali ti permettono di generare più vendite.

Promozione di un libro tramite Video

Si tratta di una strategia di promozione che inizialmente
volevo testare ma che ancora non ho sperimentato.

Ho un Canale su YouTube che si chiama "Guadagnare
Online" e mi sarebbe piaciuto fare un video per
promuovere il mio libro "Da 0 a 30.000 € Con un Blog in
10 Mesi", ho sperimentato grazie a questo canale come con
YouTube sia possibile raggiungere un pubblico di persone
importante e probabilmente questo può essere un volano
per portare vendite ad un libro, non sottovalutarlo (io

stesso mi ripropongo di fare nei prossimi mesi un video per promuovere il libro).

Come fare il video per promuovere un libro? Puoi scegliere di mostrarti in prima persona, puoi inquadrare le mani che sfogliano qualche pagina del tuo libro raccontando i contenuti in breve, oppure puoi fare una registrazione dello schermo in cui mostri il libro che hai pubblicato su Amazon (e leggi le recensioni di chi ha già comprato il libro).

Potresti anche registrare un video in cui parli con un amico e racconti come è nata l'idea di scrivere e pubblicare un libro, cosa si dovrebbero aspettare i lettori, ...

Promozione di un libro tramite Comunicati Stampa

Un altro strumento che puoi utilizzare sono i *Comunicati Stampa*. **Attenzione:** non è necessario essere un giornalista per pubblicare un comunicato stampa online!

Una delle opportunità più incredibili di internet è la varietà e la quantità di siti che permettono di **pubblicare articoli e news gratuitamente** (o a pagamento): in gergo questi siti si chiamano di *Article Marketing* o di *Comunicati Stampa*.

Personalmente ho sfruttato questo strumento per acquisire visibilità e, qui di seguito, ti spiegherò passo passo quello che ho fatto per proporre degli articoli o dei contenuti che parlassero del mio libro.

Per prima cosa sono andato su Google ed ho cercato quali erano i siti che parlavano degli argomenti:

- Guadagnare online;

- Guadagnare con un blog;

- Bloggare;

- Blogging.

Alcuni li conoscevo già, altri non li avevo mai sentiti prima, molti avevano creato solamente un articolo in stile *come guadagnare online* oppure *come guadagnare con un blog*, e così mi sono creato il mio **elenco di persone da contattare**.

Come faccio a trovare l'indirizzo email del proprietario del sito?

Non tutti i siti internet hanno una pagina "Contatti" o una pagina "Chi Siamo", e non tutti i siti/blog hanno un **form di contatto**.

Se il sito che ti interessa ha una estensione *.it*, però, puoi vedere se i dati del proprietario sono pubblici tramite **whois.domaintools.com,** uno strumento che ti permette di vedere chi è l'intestatario di un dominio.

Fatta questa lista ho inviato quindi una Email o un Messaggio ai proprietari/gestori dei siti che più o meno era simile a questo:

Ciao __________ *(nome del proprietario del sito internet),*

facendo una ricerca su internet ho trovato il tuo _______
(sito/articolo) dove parli dell'argomento ________________
*(nel mio caso "come guadagnare con un blog"), mi chiamo
Valerio Novelli e sono il proprietario di
Monetizzando.com®, un sito dove parlo da anni proprio
di argomenti legati al mondo del guadagno online.*

*Ho da poco pubblicato un libro su Amazon dal titolo
_______________________ (Da 0 a 30.000 € Con un Blog
in 10 Mesi) all'interno del quale racconto passo passo qual
è stata la mia strategia e quali forme di guadagno ho
utilizzato per riuscire a generare queste cifre, penso possa
essere molto interessante per i tuoi lettori.*

*Mi farebbe molto piacere se tu potessi inserire un
paragrafo all'interno del tuo articolo per introdurre il mio
libro, chiaramente potrai anche utilizzare il tuo Link
Affiliato Amazon per **guadagnare dalle vendite**, o, se
vuoi, sono disponibile per una **intervista scritta**,
potresti inviarmi delle domande ed io risponderò con
piacere.*

*Sperando di ricevere una tua risposta ti ringrazio per
l'attenzione,*

Valerio

Come vedi, l'email che ho mandato è abbastanza breve e
chiara, le persone non vogliono ricevere email
chilometriche e preferiscono che si vada dritto al punto.

Ha funzionato questa email?

Direi di sì. È chiaro che non tutti ti diranno di sì, ci sarà anche chi ti chiederà in cambio *una copia omaggio del tuo libro* e qui sarai tu a scegliere se inviarla o no (sinceramente io volevo provare la strada del <u>non dare copie omaggio del libro in giro</u> e quindi a chi mi ha chiesto una copia ho detto che non ne avevo disponibili), ma se la persona che contatti ha del traffico su quell'articolo/pagina e vede una opportunità di monetizzazione vendendo il tuo libro, potrebbe effettivamente essere interessata a parlarne!

In alternativa puoi scrivere dei comunicati stampa/articoli ed inviarli ai siti di **Article Marketing:** chiaramente questi siti ricevono decine di articoli e spesso <u>non riescono a darti molta visibilità</u>, ma a mio avviso, per una strategia a lungo termine e sopratutto con investimenti economici pari a zero (è chiaro che investirai in termini di tempo, ma nel mio caso ho investito due o tre ore circa) può essere una strada da percorrere/provare.

Promozione di un libro tramite Facebook

Se non hai un sito web, niente paura! Puoi imparare a promuovere il tuo libro tramite Facebook e, in questa sezione del libro ti darò una serie di consigli pratici che potrai utilizzare subito!

Per promuovere il mio libro in Self Publishing ho sfruttato Facebook utilizzando:

- Un gruppo Facebook che ho creato e che gestisco che
  conta più di 2000 iscritti (il gruppo si chiama Affiliate
  Marketing Italia);

- Il mio profilo personale;

- Le persone che hanno comprato una copia del mio libro;

- La Pagina Facebook di Monetizzando.com®;

- Alcuni Gruppi di Settore;

- La Pubblicità su Facebook.

Sono sicuro che fra queste strategie, molte puoi usarle
anche tu: anche se non hai un gruppo o una pagina
Facebook, potrai infatti promuovere il tuo libro all'interno
di gruppi (evitando di fare semplice SPAM), acquistando
pubblicità su Facebook, utilizzando il tuo profilo e
coinvolgendo i lettori del libro stesso.

Coinvolgere gli acquirenti del tuo libro

È chiaro che conoscere tutte le persone che acquisteranno il
tuo libro è impossibile, ma quando ho scelto di pubblicare
il mio libro in Self Publishing sapevo di poter *utilizzare a
mio favore* (o "sfruttare") le persone che mi avrebbero
contattato per dirmi *Ciao Valerio, ho comprato il tuo libro,
in bocca al lupo.*

Come? Coinvolgendoli! Alle persone che mi hanno detto
di aver comprato il mio libro ho chiesto un piccolo favore:

- Pubblicare una foto con il libro non appena l'avessero ricevuto (taggandomi nella foto);

- Lasciare una recensione su Amazon del libro una volta completata la lettura;

- Utilizzare il **link affiliato Amazon** per promuovere il mio libro se l'avessero ritenuto utile/interessante (facendo leva sul fatto che se avessero venduto delle copie del mio libro avrebbero potuto guadagnare e recuperare anche i soldi spesi per acquistarlo). <u>Nota:</u> nella sezione risorse trovi un approfondimento sull'affiliazione Amazon, se non sai di cosa si tratta.

È chiaro che non ho obbligato le persone a compiere tutte e tre queste azioni, ho solo detto loro *cosa potevano fare per me*, loro poi erano libere di scegliere.

In questo modo ho cercato di far crescere l'autorevolezza del mio libro ed incrementare le vendite sfruttando diversi canali:

- Con il **tag** e la **foto del libro** sono entrato nel cerchio di influenza di queste persone (pubblicando la foto sul loro profilo e taggandomi, il libro ha ottenuto visibilità venendo mostrato nel feed e quindi a tutti i loro amici), in questo modo ho aumentato la visibilità del mio libro gratuitamente;

- Con le recensioni invece ho costruito **credibilità**: chi compra un libro e spende soldi non lascia una recensione positiva "gratuitamente", la scrive solo se ritiene di aver speso bene i propri soldi, e quindi le recensioni pubblicate erano da **acquisti verificati da Amazon**, non le classiche recensioni lasciate da un paio di parenti, amici e familiari;

- Ho ricordato alle persone (oppure ho spiegato a chi non lo sapeva) che potevano a loro volta **guadagnare** semplicemente consigliando il mio libro, se l'avessero trovato interessante.

Delle idee semplici ma piuttosto efficaci, non trovi? Le puoi mettere in pratica subito anche tu, e questa è la prima forma di promozione che ti consiglio per quanto riguarda Facebook.

<u>Curiosità:</u> Da molto tempo pensavo di sperimentare la potenza dei social network per generare vendite in maniera "organica" e penso che, se studiato ed ottimizzato, questo sistema possa essere un canale di vendite incredibile.

Pensa se ogni persona che ha acquistato il libro avesse condiviso su Facebook una foto o un post taggandomi, quale portata avrebbe potuto ottenere il libro e quindi quante vendite avrebbe potuto generare...

Possiamo ancora fare quest'esperimento, basta che tu e tutte le persone che compreranno questo libro condividiate un post su Facebook (ti prometto che ti informerò sui risultati :P) per consigliarlo!

Promuovere un libro sui Gruppi Facebook

La seconda strategia di cui ti voglio parlare è la **condivisione** del tuo libro (e non solo) tramite i Gruppi di Facebook.

Attenzione! All'interno dei gruppi Facebook bisogna muoversi *con i piedi di piombo* per evitare di sembrare degli **SPAMMER**: se usati in maniera intelligente, i gruppi possono aiutarti ad ottenere visibilità e vendere delle copie del tuo libro.

Tieni in considerazione infatti che ci sono dei gruppi creati ad hoc per promuovere qualsiasi cosa, e gruppi di nicchia, legati a settori specifici, dove tu puoi far valere le tue competenze.

Il mio consiglio è quello di andare a interagire all'interno dei gruppi più interessanti contribuendo con delle "pillole" e dei "suggerimenti" che dimostrano la tua competenza in un determinato settore.

Non devi "promuovere il tuo libro" ma risultare interessante e competente: le persone potrebbero aggiungerti agli amici o magari andare a cercare qualche informazione in più su di te, e scoprire in questo modo che hai scritto un libro.

È chiaro che questo metodo è più lento e richiede del tempo, ma ti permetterà di costruire una reputazione online che potrai sfruttare non solo per vendere il libro, ma per offrire i tuoi servizi, consulenze, ...

All'interno dei gruppi Facebook bisogna infatti partecipare alle conversazioni in maniera intelligente e pacata, senza essere aggressivi o saccenti, e in questo modo le persone cominceranno a conoscerti, riconoscerti e apprezzarti.

Promuovere un libro con Facebook Ads

<u>Premessa:</u> questo libro non è dedicato a Facebook Ads quindi questa sezione non può essere una guida completa all'utilizzo di Facebook Ads.

Nella sezione risorse trovi una guida base alla pubblicità su Facebook e qui alcuni consigli pratici per impostare una promozione del tuo libro, se vuoi approfondire puoi richiedere una coaching chat privata, o contattarmi via email per una consulenza.

Se hai un pò di budget da investire in pubblicità potresti sfruttare Facebook Ads per promuovere il tuo libro.

Facebook infatti, se hai una pagina di proprietà (se non l'hai puoi crearla rapidamente in pochi clic) ti permette di promuovere i post o i contenuti che pubblicherai sulla pagina, o di creare nuove inserzioni utilizzando il **Gestore inserzioni** o il **Business Manager**.

È possibile creare all'interno di Facebook varie tipologie di inserzioni (nell'articolo di approfondimento che trovi nella sezione risorse ti elenco una per una le varie tipologie di inserzioni che potrai creare), quelle più utilizzate sono le inserzioni che hanno come obiettivo:

- Il traffico sul link che inserisci (che può essere il link alla pagina del tuo libro su Amazon);

- Le interazioni con il post che pubblichi su Facebook (che chiaramente può essere il link del tuo libro)!

Ti consiglio di testare entrambe le tipologie di campagne per capire quale funziona meglio: per farlo in maniera semplice prova a:

- Creare una campagna su Facebook "per interazioni" impostando un budget giornaliero di almeno 5,00 € al giorno e pubblicando l'inserzione per 10 giorni, quindi andare a monitorare le vendite generate in quei 10 giorni;

- Stoppare la campagna per interazioni e creare una campagna "per traffico", impostando anche qui un budget di almeno 5,00 al giorno (imposta lo stesso budget impostato per la campagna per interazioni per andare a confrontare i risultati).

Cosa ha funzionato di più nel mio caso? Ho notato che il post "per interazioni" genera più vendite perché:

- Pago solamente sulle interazioni (che possono essere i mi piace, le condivisioni, i commenti, …);

- Non pago per singolo clic quindi il costo per interazione è più basso.

Attenzione: Ti consiglio di far girare per un pò la tua inserzione anche se non vedi vendite per due motivi:

- Facebook deve capire qual è il pubblico migliore per la tua inserzione;

- Una inserzione che ha un buon numero di mi piace è più credibile di una che non ha nemmeno un mi piace o ne ha poche decine.

Detto questo, quando crei la tua inserzione su Facebook (che non devi creare cliccando su **Metti in evidenza** all'interno della pagina, ma dal Gestore delle Inserzioni o dal Business Manager), ricordati di provare a definire il **target di utenti** che potrebbe essere interessato al tuo libro.

Facebook ti permette infatti di scegliere quali persone dovranno visualizzare l'inserzione:

- Uomini;

- Donne;

- Persone in una determinata città, regione, paese, ...

- Fasce d'età (18 - 24 anni, 25 - 30 anni, 35 - 50 anni, ...);

- Interessi (qui puoi cercare davvero tantissimi interessi, io ad esempio ho inserito blogger, fashion blogger, food blogger, travel blogger, blogging, guadagno online, ...).

Se vuoi promuovere efficacemente il tuo libro su Facebook sfruttando le inserzioni ti consiglio inoltre di provare più immagini e testi:

- Potresti usare la foto della copertina del tuo libro;

- Potresti usare la foto di una persona con il tuo libro in mano;

- Potresti usare la foto del tuo libro su una scrivania, in cucina, …

- …

Io ad esempio ho utilizzato la foto che ha scattato il mio amico Giampiero dopo aver letto il mio libro, e la foto è piaciuta moltissimo!

Altre tecniche di promozione "Alternative"

Una delle tecniche di promozione più diffusa, fra gli autori di eBook, è quella di **pubblicare l'eBook al prezzo più basso possibile** (vale a dire 0,99 €) e poi invitare amici, familiari, parenti e conoscenti a "comprare una copia" per rilasciare delle recensioni positive *da acquisto verificato*.

Amazon inoltre permette anche di rendere per alcuni giorni il libro disponibile gratuitamente (come hai visto all'inizio di questo capitolo), in questo modo, come dicevo, arriverai rapidamente nella top di categoria (meglio ancora se hai una bella mailing list a cui inviare una comunicazione per avvisarli che **rendi il tuo libro disponibile gratuitamente per 24 ore**).

Dopo il periodo di "prelancio" (ovvero queste promozioni a prezzi ribassati o con il libro scaricabile gratuitamente) è possibile modificare il prezzo del libro portandolo a **2,99 €** e ricevendo così le **royalties del 70%** (per maggiori informazioni sulle royalties puoi leggere il capitolo dedicato).

Alcuni autori di eBook, inoltre, scelgono di **non rendere disponibile il libro in versione cartacea**: secondo alcuni studi questo potrebbe **essere un grave errore**!

Un libro in edizione cartacea, ad un prezzo più alto rispetto al prezzo dell'eBook, può infatti essere una **strategia di marketing**.

In pratica, mettendo a disposizione anche la versione cartacea del libro, con un prezzo più alto rispetto alla versione eBook, Amazon mostrerà le due versioni del tuo libro con i due prezzi di fianco, ipotizziamo:

- Versione Cartacea 14,99 €;

- Versione eBook 5,99 €.

La differenza è che le royalties sulla versione cartacea sono più basse rispetto alla versione eBook e di conseguenza il guadagno per singola vendita può essere simile nonostante la differenza di prezzo!

Allo stesso tempo l'utente che si trova di fronte la possibilità di comprare la versione cartacea o quella digitale, preferirà risparmiare 9,00 € e prendere lo stesso libro in versione digitale (mentre, trovandosi solo la versione digitale disponibile, potrebbe rinviare l'acquisto).

Altri consigliano di pubblicare una versione cartacea per **fare branding** e guadagnare durante gli eventi: basta ordinare tramite CreateSpace delle copie del libro (che vengono vendute ad un prezzo molto più basso rispetto al prezzo impostato*, si pagano infatti solo i costi di stampa e le spese di spedizione) per poi rivenderle durante le presentazioni o gli eventi (alcuni speaker professionisti ad esempio spesso vendono i loro libri durante gli eventi).

Altre forme di promozione alternative sono l'utilizzo di **Anobii**, la comunità per gli amanti della lettura oggi di proprietà della Mondadori, dove si può dialogare con persone che amano leggere libri praticamente di ogni genere, ed il programma **Google Ricerca Libri** (per i libri in versione cartacea) che permette di inserire nel motore di ricerca di Google il nostro libro se offriamo una parte gratuita per la consultazione.

È possibile inoltre, su numerose piattaforme, offrire una parte del libro gratuitamente sotto forma di "Anteprima".

Facendo alcune ricerche su questa strategia di promozione ho scoperto che gli autori che offrono dal 15 al 30% del loro libro gratuitamente incrementano le vendite del libro: sarai tu a scegliere "quanto contenuto offrire gratuitamente" se adotterai questa **strategia**.

*Le spese di spedizione sono piuttosto alte, specialmente per la spedizione rapida, quindi meglio ordinare un quantitativo di copie congruo per evitare di pagare uno sproposito: tieni in considerazione ad esempio eventuali amici o parenti/conoscenti e clienti a cui vuoi regalare o vendere delle copie del tuo libro ed ordina almeno una decina di copie.

Curiosità: Se si acquista un ISBN Italiano è necessario procedere al **deposito legale delle copie cartacee.**

Per i libri cartacei la legge italiana impone che in caso di pubblicazione con editore o in Self Publishing siano inviate alle biblioteche nazionali delle copie in deposito, per approfondimenti vedi la sezione risorse.

Dall'1 Gennaio 2015 l'IVA applicabile per gli eBook venduti in Italia dipenderà dal fatto che il titolo disponga o meno di un codice ISBN: tutti gli Ebook con ISBN presenteranno una tariffa con IVA pari al 4%, mentre gli eBook senza ISBN verranno prezzati con IVA al 22%.

Nel caso di pubblicazione con YouCanPrint sarà la stessa piattaforma a depositare le copie nelle biblioteche nazionali, facendo le veci di un editore tradizionale.

Ordinare copie cartacee e venderle alle librerie?

Potresti pensare, tramite CreateSpace, di ordinare delle copie del tuo libro (o dei tuoi libri) tramite la funzione *Order Copies* dalla *Member Dashboard*, il prezzo delle copie cartacee infatti qui è molto vantaggioso, specialmente ordinandone un buon numero.

Bisogna comunque prestare attenzione alle spese di spedizione.

Essendo i libri spediti dall'America, per una spedizione rapida si paga da 5 a 16 dollari (anche se si ordina una sola copia).

In alcuni casi inoltre CreateSpace inserisce dei **costi aggiuntivi di dogana - sdoganamento** che sono a carico dell'autore e che possono ammontare a poco meno di 10,00 € ogni 50 copie.

Ordinando comunque ad un prezzo molto basso (varia in base alla tipologia di libro) è possibile prendere accordi con delle librerie: queste solitamente ricevono dalle case editrici un margine che raramente supera il **30%**, di conseguenza, se tu darai **margini di profitto** fino al 50%, potresti risultare competitivo ed interessante, facendo sì che il libraio "spinga" e "promuova" le vendite del tuo libro.

Queste sono più di otto strategie che puoi mettere in pratica per vendere e promuovere il tuo libro.

Come vedi ho pensato a varie tipologie di strategie ed ho cercato di darti una serie di spunti ed idee per promuovere il tuo libro.

Sicuramente esistono molte altre strategie di promozione, il mio consiglio è quello di essere creativo ed originale, se ti va possiamo continuarne a discutere anche su Facebook e magari, nelle prossime versioni di questo libro, arricchirò questo capitolo con le tue idee ed i tuoi suggerimenti.

Capitolo 8
Conclusioni

Complimenti, se stai leggendo questo capitolo sei arrivato alla fine di questo percorso nel mondo del **Self Publishing**, e sono felice di aver passato un pò di tempo con te per spiegarti quella che è la mia visione del Self Publishing e tutto ciò che ho imparato a mie spese.

Spero con questo libro di essere riuscito a chiarire tutti i tuoi dubbi e di averti dato tutte le informazioni necessarie per pubblicare o per promuovere con successo il tuo primo libro (*che magari avevi già pubblicato ma che non riuscivi a vendere*).

Se hai delle domande o vuoi aiutarmi a rendere ancora più interessante questo libro scrivimi, contattami tramite i Social Network oppure lascia un commento con qualche suggerimento nella **Pagina Segreta** con le **Risorse di questo libro** (fra poco potrai leggere l'indirizzo/URL).

Prima di salutarci, però, ti chiedo un grandissimo favore:

*Se hai trovato utile o interessante questo libro, o se proprio non ti è piaciuto, fammelo sapere, lascia la tua recensione su Amazon, è **molto importante**, come hai letto nel libro stesso, per **promuovere le vendite**, ed ogni recensione può fare la differenza.*

Se ogni persona che ha comprato il mio primo libro avesse lasciato una recensione su Amazon, a quest'ora ci sarebbero più di 600 recensioni, e invece ne puoi leggere meno di 100 probabilmente (sto scrivendo questo libro quando sono state pubblicate 40 recensioni), a te costerà giusto un paio di minuti ma per me farà davvero la differenza.

Se vuoi, infine, puoi contattarmi anche per suggerirmi il prossimo titolo del libro che scriverò (ammetto, mi piace scrivere libri)!

In bocca al lupo per il tuo libro e Buon Self Publishing,

Valerio

Le Risorse di *Come pubblicare un libro o eBook su Amazon in Self Publishing*:

Ho deciso di raccogliere in questa parte finale del libro alcuni suggerimenti utili ed il link che ti porterà sulla pagina di Monetizzando.com® dove ho raccolto gli approfondimenti che ho citato all'interno del testo.

Link, Riferimenti e Approfondimenti:

https://www.monetizzando.com/libro-self-publishing-r1

Come Ottimizzare le immagini

Ottimizzare e ridurre le dimensioni delle immagini è molto importante per limitare il peso del tuo libro (anche nel caso della versione digitale) e quindi ricevere Royalties più alte.

Se utilizzi Word per creare il tuo libro, e se hai deciso di inserire delle immagini al suo interno (consigliate per la versione cartacea a seconda della tipologia di libro che andrai a scrivere, sconsigliate per la versione eBook), esiste un semplice modo per ottimizzarle e ridurle di peso senza perdere in termini di qualità:

Clicca con il tasto destro del mouse sull'immagine inserita su Word e clicca su Formato Immagine >> Immagine >> quindi clicca su **Comprimi** *in basso a sinistra.*

Word permette di comprimere le immagini a volte fino all'80% rispetto alla dimensione originale senza rovinarne la qualità.

<u>Per una impaginazione migliore</u>

Ammetto di non averlo fatto per la scrittura del mio primo libro. Per una corretta impaginazione ho scoperto che bisognerebbe utilizzare la funzione *Mostra tutto* di Word o di Pages: è una funzione che mostra esattamente tutti i ritorni delle pagine, gli spazi aggiuntivi, i tab inseriti, eventuali codici di campo o impaginazioni sbagliate.

Questa funzione viene solitamente indicata con una icona "Mostra/Nascondi Segni di Formattazione" ed aiuta a ripulire il documento da una formattazione sbagliata.

In alternativa vai su Strumenti >> Opzioni >> Visualizza >> Formattazione >> Tutti

<u>Bonus: Gli Audiolibri?</u>

Gli Audio Libri non sono ancora molto diffusi in Italia, ma in America vendono moltissimo. Per questo motivo c'è chi pensa di rendere disponibile anche una versione audio del proprio libro/manuale/romanzo.

Secondo alcune ricerche, mediamente il **15%** del fatturato degli Autori in Self Publishing arriva proprio dagli audiolibri: non dovrai necessariamente essere tu a registrare il tuo libro in formato audio, potrai pagare qualcuno per farlo.

Il mio amico Marcello Marchese, ad esempio, ha realizzato un Infoprodotto sul Copywriting e sulle Tecniche di persuasione e l'ha reso disponibile anche in forma di Audiolibro, ed è proprio a lui che ho chiesto qualche informazione su questa tipologia di libri!

Marcello mi ha raccontato la sua esperienza così: *Ciao Valerio, certo che ti racconto come ho creato la versione audio del mio infoprodotto.*

*Trovare uno **Speaker professionale**, a dire il vero, è stato abbastanza facile, ho fatto qualche ricerca su internet ed ho scelto **Gianluca Jacquier**.*

-

Nota: ho ascoltato una sua versione di Audiolibro e l'ho trovata ben fatta, chiara e con una bella scorrevolezza.

-

Andando a guardare il suo sito ho visto che fra i suoi clienti ci sono stati Rai, Mediaset, Sky, Ikea, Turhish Airlines, Vodafone, Hilton, Chateau d'Ax... Tutti brand e aziende di fama nazionale o internazionale.

Per la mia esperienza, inoltre, anche il pubblico italiano ama o almeno apprezza gli audiolibri: molte persone hanno scelto di acquistare proprio perché sapevano di poter ascoltare i miei consigli sul Copy mentre andavano in palestra, in auto, ...

A seconda della tipologia di libro che andrai a pubblicare, dunque, potrebbe valer la pena investire qualche €€€ per far realizzare una versione audio del tuo libro, o magari potresti decidere di cominciare con la versione cartacea e poi valutare di investire parte dei guadagni generati dalle vendite per realizzare un audio libro!

<u>Potresti approfondire</u> se ti interessa creare un audio libro!

A quanto pare, per la versione eBook di un libro in Self Publishing, è possibile inserire la possibilità di offrire agli acquirenti l'opzione ***prestito ad amici e parenti*** che permette di prestare una copia del libro per 14 giorni, valutala in fase di promozione!

Pubblicare eBook con Narcissus?

Esiste una piattaforma che si chiama Narcissus (**www.narcissus.me/it**) che ti permette di pubblicare il libro su altre piattaforme e librerie online (**attenzione:** se decidi di caricare il tuo libro su Narcissus è molto importante **deselezionare** e verificare che l'**Amazon Kindle Store** non sia selezionato fra i negozi di vendita in cui inserirai il tuo libro, stai infatti già pubblicando direttamente il libro su Amazon!).

Se decidi inoltre di usufruire di **KDP Select** non potrai pubblicare il tuo libro su altre piattaforme tramite Narcissus!

Fine.

P.s.

Sono sicuro che il P.s. dopo il fine ti ha incuriosito! Mi piacerebbe conoscere le storie di chi ha comprato questo libro, le motivazioni che hanno portato a scrivere un libro e l'evoluzione (numero di vendite, strategie adottate, ...).

Spero che questo libro sia un inizio, un punto di incontro fra noi, e di averti dato informazioni che ti saranno utili e che metterai in pratica.

Hai investito del tempo per leggere questo libro, adesso trasforma queste conoscenze in azioni: crea una piccola abitudine (scrivere una pagina al giorno del tuo libro) e rispettala, curala, metti online il tuo libro.

Se ti va iscriviti alla mia newsletter, scrivimi una email, contattami.

P.p.s.

Mi piace aggiungere sempre un piccolo "bonus" o "extra" inaspettato nei miei libri, e quindi anche in questo caso voglio darti un consiglio che meriti, se sei arrivato fino alla fine del libro!

Una delle critiche di cui non ti ho parlato fino ad ora, che mi è stata fatta da molti amici e colleghi, sul mio libro, è stata quella di **NON AVER VENDUTO NULLA ALL'INTERNO DEL LIBRO.**

In che senso?

In molti settori i libri vengono utilizzati come **strumento civetta** o **prodotto entry level** (a basso costo) per promuovere poi prodotti e servizi di fascia più alta (ad esempio corsi di formazione dal vivo, corsi di formazione pre-registrati, consulenze, servizi, ...).

Ho scelto volutamente di non vendere nulla all'interno del mio libro, ma conosco molti marketers e non, che invece inseriscono qualche pagina per promuovere i loro prodotti/ servizi (anche i romanzieri, all'interno dei loro libri, nella sezione con le informazioni biografiche promuovono gli altri romanzi, ...).

Sta a te dunque decidere se inserire all'interno del tuo libro delle **vendite supplementari** di prodotti/servizi/corsi/romanzi: una buona iniziativa potrebbe comunque sicuramente consistere nel chiedere ai tuoi lettori di **aiutarti a diffondere e promuovere il libro** se l'hanno trovato utile.

Ripensando al mio primo libro, non ho sfruttato questa opportunità che probabilmente mi avrebbe permesso di vendere più copie (o guadagnare dalla vendita di **consulenze private** e servizi pensati ad hoc).

Per incrementare le vendite basterebbe inserire all'interno del libro qualche riga come questa:

Come puoi immaginare, la difficoltà di un autore che pubblica il suo libro in Self Publishing, è proprio quella della promozione: non avendo alle spalle una casa editrice, la scrittura, la revisione e la promozione del libro è tutta nelle mie mani.

*Per questo motivo ti chiedo un **grandissimo favore:** se hai trovato utile o interessante questo libro, per me sarebbe molto importante che tu mi aiutassi nella **diffusione.***

Poche semplici operazioni che a te non costano nulla, ma che possono fare per me tutta la differenza fra un libro di successo ed uno che non viene venduto a sufficienza:

- Condividi su Facebook una foto del mio libro o un post in cui parli del mio libro raccontando cosa ne pensi;

- *Scrivi una recensione su Amazon in cui racconti cosa ti è piaciuto di più e perché secondo te vale la pena comprarlo;*

- *Condividi la recensione del libro sui tuoi social preferiti, o magari, se conosci qualcuno che potrebbe essere interessato a questo argomento, suggeriscilo!*

Noti niente di strano? È la stessa cosa che ho fatto io contattando solamente le persone che dicevano di aver comprato il mio libro, ma potevo farlo aggiungendo queste poche righe con tutte le persone che lo hanno letto.

Ti ringrazio di cuore per quello che riuscirai a fare e spero davvero di averti dato il massimo.

Se vuoi rimanere in contatto con me puoi scrivermi via email o iscriverti alla mia Newsletter, prometto che non ti infastidirò con email pubblicitarie e promozionali!

L'autore

Valerio Novelli è il fondatore di Monetizzando.com®, uno dei punti di riferimento in Italia per chi vuole lavorare e guadagnare online.

Si occupa di Affiliate Marketing, SEO e Web Marketing.

Nel 2011 è stato invitato presso gli uffici di Google Dublino per un evento esclusivo dedicato a Google AdSense.

Relatore di corsi ed eventi in tutta Italia sul Marketing digitale (fra gli altri SEO Camp Napoli, SEO Training, DaZeroaSero in Pillole, Simply Publisher), ha tenuto alcune lezioni presso l'Università di Palermo (Facoltà di Economia e Marketing) come ospite per raccontare la sua esperienza con il web.

Nel 2017 pubblica il primo libro in Self Publishing, "Da 0 a 30.000 € Con un Blog in 10 mesi", libro con il quale genera più di 600 vendite e 7.000,00 € in royalties in soli cinque mesi dalla pubblicazione.